*100 Marine Figures Youngsters Should Know*

## 青少年
# 应当知道的 100 个
# 海洋人物

主编◎邵成军　文稿编撰◎苏小飞　图片统筹◎赵　冲

中国海洋大学出版社
CHINA OCEAN UNIVERSITY PRESS

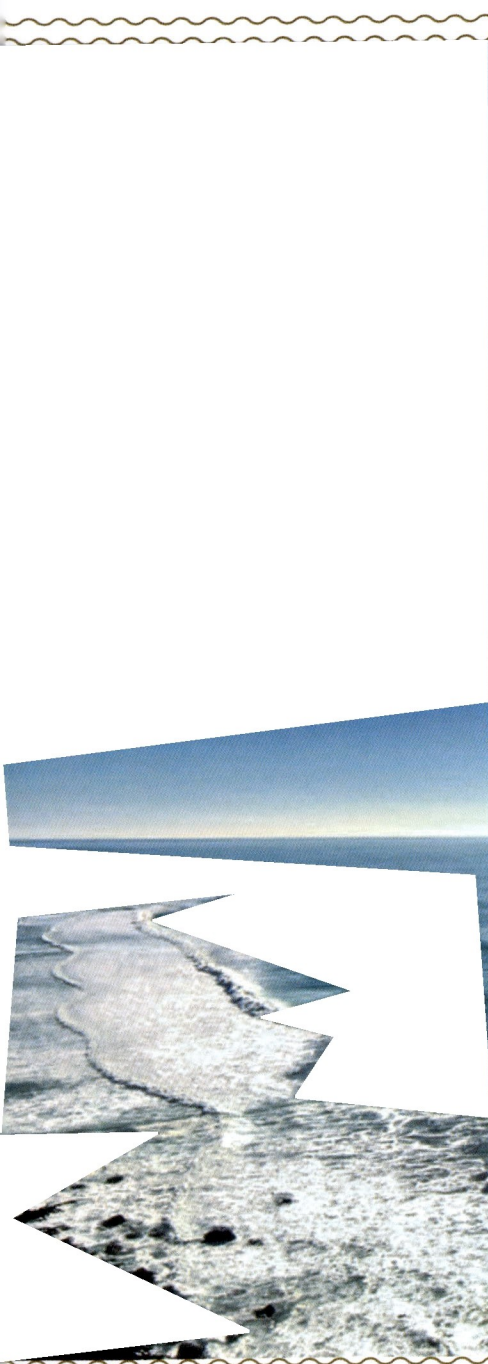

# 海洋启智丛书

## 总主编　杨立敏

## 编委会

主　任　杨立敏
副主任　李夕聪　魏建功
委　员　(以姓氏笔画为序)
　　　　刘宗寅　朱　柏　李夕聪　李学伦
　　　　李建筑　杨立敏　邵成军　赵广涛
　　　　徐永成　魏建功

## 总策划
朱　柏

## 执行策划
邵成军　邓志科　由元春　乔　诚　赵　冲

# 写在前面

　　海洋，广阔浩瀚，深邃神秘。她是生命的摇篮，见证着万千生命的奇迹；她是风雨的故乡，影响着全球气候变化。她是资源的宝库，蕴含着丰富的物产；她是人类希望之所在，孕育着经济的繁荣！在经济社会快速发展的 21 世纪，蔚蓝的海洋更是激发了无尽的生机。蓝色经济独树一帜，海洋梦想前景广阔。

　　为了引导广大青少年亲近海洋、了解海洋、热爱海洋，中国海洋大学出版社依托中国海洋大学的海洋特色和学科优势，倾情打造"海洋启智丛书"。丛书以简约生动的语言、精彩纷呈的插图、优美雅致的装帧，为中小学生提供了喜闻乐见的海洋知识普及读物。

　　本丛书共五册，凝聚着海洋知识的精华，从海洋生物、海洋资源、海洋港口、海洋人物及海洋故事的不同视角，勾勒出立体壮观的海洋画卷。翻开丛书，仿佛置身于海洋

的广阔世界：这里的海洋生物遨游起舞，为你揭开海洋生物的神秘面纱，呈现海洋生命的曼妙身姿；这里的海洋资源丰富，使你在海洋的怀抱中，尽情领略她的富饶；这里的海港各具特色，如晶莹夺目的钻石，独具魅力；这里的海洋人物卓越超群，人生的智慧在书中熠熠闪光；这里的海洋故事个个精彩，神秘、惊险与趣味并存，向你诉说海洋的无限神奇。

　　海洋，是一部永远被传诵的经典。她历经亿万年的沧桑变迁，从远古走来，一路或壮怀激烈，或浅吟轻唱，向人们讲述着亘古的传奇。海洋胸怀广阔，用她的无限厚爱，孕育苍生。蓝色的美丽，蓝色的情怀，蓝色的奇迹，蓝色的梦想！

　　我们真切希望本丛书能给向往大海的中小学生带来惊喜，给热爱海洋的读者带来收获。祝愿伟大祖国的海洋事业蒸蒸日上！

杨立敏

2015 年 12 月 23 日

# 前言

　　当你漫步柔软的沙滩，聆听着如交响乐一般的涛声，看潮涨潮落，是否也会生出对大海无限的遐想呢？从古至今，浩瀚广阔的大海用它深邃迷人的一面，吸引着人们投入它的怀抱，去探索，去发现，一窥那神秘面纱下的奥秘。

　　遥远的年代，人类的祖先畏惧于大海诡谲的波涛，但又渴望得到大海的恩赐，便生出许多瑰丽的海神传说；也有很多勇者不满足于对大海的想象，于是涌现出众多的科学家、探险家，他们将研究海洋、征服海洋作为自己一生的使命；更有无数的将士，巡防在漫长的海岸线上，怀着赤诚与热血，守卫着祖国的海上门户……

　　本书分为海洋历史文化人物、海洋探险人物、海战风云人物、海洋神话与民俗人物、海洋科技人物五个板块，选取了100个有代表性的海洋人物进行介绍，从不同方面展示人类认识海洋、探索海洋、开发海洋、保卫海

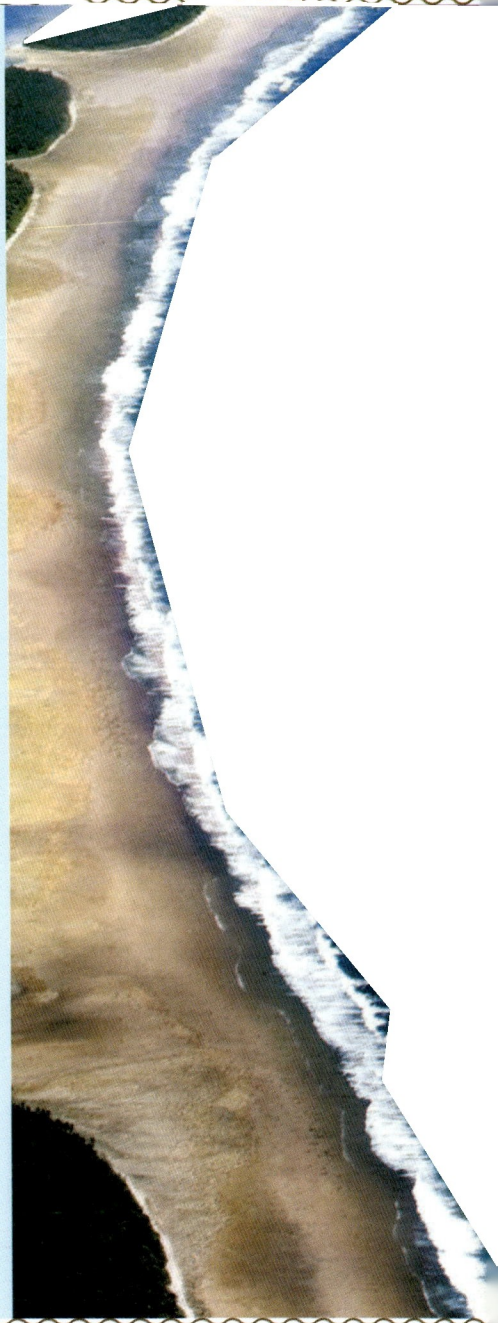

洋的历史。

　　让我们一起走入《青少年应当知道的100个海洋人物》，去体味前辈们醉心于海洋的意境，去感受前辈们投身于海洋的热情，去了解前辈们在探索海洋中的惊喜，也开始去熟悉我们的生命之源——海洋。

# 目录

# 第一部分

# 海洋历史文化人物

在现代科技尚未出现的年代,交通、通信的不便,阻隔着文化交流的渴望,茫茫山海将人类文明隔绝成一个个文化孤岛。但是仍然有时代的大智勇者,怀着对文化的追求,传播文明的信念,冒着未知风险,跋山涉水,劈风斩浪,远渡重洋,传播着文明的薪火,在中外文明交流史上写下了浓墨重彩的一笔。

## 1. 首位由海路回国的取经僧人——法显

法显是中国佛教史上的一位名僧,他是中国第一位到海外取经求法的大师,同时还是杰出的旅行家和翻译家。

法显本姓龚,东晋司州平阳郡武阳(今山西临汾地区)人。他有三个哥哥,但都在很小的时候就夭折了,而他的父母因为担心他会过早死去,便在他三岁的时候,将他度为了僧人。不过,因为法显年幼,他的父母舍不得送他去寺庙,便仍然让他在家里住。可这样一来,法显却慢慢患了重病。父母没有办法,只好将法显送到了寺庙。后来他的父母相继过世,虔诚的法显也就一心一意做起了僧人。

在随后的几十年中,法显专心钻研佛法,但他也深深感觉到国内的戒律典籍还是略显贫乏。晋隆安三年(公元399年),65岁的法显出发去取经,跟他一起去的还有慧景、道整、慧应和慧嵬等人。那个时代,没有现代化的交通工具,几个人就靠着双腿开始了漫漫取经路。他们一路上越过了茫茫大漠,翻过了皑皑雪山,跨江渡河,历尽千辛万苦,最终慧应病死在了途中,而慧景则在翻越雪山时冻死了,慧嵬中途回去筹措资金,最终抵达西域的只剩下了法显和道整。他们用四年多时间,周游了中天竺,并巡礼了各大佛教古迹。

他们参访了释迦牟尼的诞生地,走到了佛教极其兴盛的达摩竭提国巴连弗邑。在那里,法显学习了梵书梵语,并抄写了大量经律,还收集了《摩诃僧祇律》《萨婆多部钞律》《杂阿毗昙心论》等佛教经典。此后，他独自一人继续旅行，又周游了南天竺和东天竺，并在恒河三角洲的多摩梨帝国写经书、画佛像，住了两年。

东晋义熙五年(公元 409 年)年底，法显搭乘商船，横渡孟加拉湾，到达狮子国(今斯里兰卡)，并求到了《弥沙塞律》《长阿舍》《杂阿含》及《杂藏》等四部经典。

此时的法显已经在异国他乡待了 12 年，完成了取经求法的任务。他乘坐商船，决定由海路回国。他的回程也困难重重，先是遇到了暴风，后又遭遇了船破漏水，中途也曾迷失过方向。经过一年的航行，法显终于在今山东崂山一带登陆，回到了祖国。

回国后的法显争分夺秒地进行翻译经典的工作，共译出了经典 6 部 63 卷，计 1 万多字，对中国佛经事业的发展起到了极大的促进作用。除此之外，法显还根据自己的西行经历，写成了《佛国记》。《佛国记》不仅是一部传记文学的杰作，也是研究西域和印度历史十分重要的文献。

法显崂山登陆纪念雕像 ➜

法显崂山登陆纪念

## 2. 首位由海路出国取经的僧人——义净

义净是唐朝时的高僧。他毕生从事佛事活动,在译经和著述方面都有突出的贡献。

义净俗姓张,字文明,河北涿县人,幼年出家,在寺庙中研习佛法。经过多年学习,义净决定外出游学,开阔视野,于是来到当时的佛教中心洛阳。

在东都洛阳,义净修习了《对法》《摄论》诸经,佛学水平有了很大提高。不过当时佛教各派纷争,观点都不相同,而典籍上的记载与解释也不统一,义净在学习中产生了许多疑问。于是义净又来到长安,并学习了《俱舍》《唯识》等经,可是这并没能消除他的疑问。

↑ 义净

为了进一步解除疑惑,义净认为去印度取经求法势在必行。当时唐朝强大富庶,海路非常发达,而陆上丝绸之路则因为有战乱,并不畅通。于是,他决定搭乘商船去印度求法。尽管之前多位法师都曾有意一同前往,但临行时,却只有弟子善行随从,其他人则因为种种原因退出了。

从广州出海经过了20天左右的航行,他们到达了苏门答腊。为了学习音韵学,义净在此地居住了半年。其间,他唯一的同行弟子善行因病被迫回国,他只能孤身一人继续前行。第二年,义净到达耽摩立底,那里是东天竺的南界。为了学习梵语,义净又在此地居住了一年有余。这里虽然离义净要去的中天竺那烂陀寺已经不远了,可是途中常有强盗出没,不是很安全,但义净还是毅然决然地出发了,虽然碰到了强盗,但最后还是历尽千辛万苦到达了那烂陀寺。

在之后的 11 年中,义净向著名僧人宝师子和智月等认真学习经典,研究瑜伽、中观、因明、俱舍论等经学,并进行了佛教经典的翻译,还考察了印度佛教教规和社会习俗。之后,学有所成的义净乘船离开印度东行。经过两年行程,他到达了室利佛逝,即今印度尼西亚。在这里,他专心从事了多年翻译和著述工作。他还在武周天授二年(公元 691 年)派人将著作及新译的佛经送回国内。直到武周证圣元年(公元 695 年),义净与弟子贞固、道宏才离开室利佛逝,返回了大唐。

↑ 义净译经(局部)

当时的皇帝武则天对义净的归来十分重视,亲自率人来到洛阳上东门外迎接,并下诏命义净住在洛阳佛授寺。此后,义净先后在洛阳延福坊大福先寺、西京长安延康坊西明寺、东京福先寺、长安荐福寺等寺院翻译佛经。唐先天二年(公元 713 年)正月,义净在长安荐福寺经院圆寂,享年 79 岁;后葬于洛阳北原上,建有灵塔。唐乾元元年(公元 758 年),以灵塔为中心,人们建立了金光明寺。

义净的西行和翻译佛经活动对唐朝的佛学产生了很大影响。他从印度归来时,除了带回近 400 部计 50 万字的颂佛经外,还带回金刚座真容一铺、舍利 300 粒,这些都是无价的瑰宝。而他自己的《南海寄归内法传》和《大唐西域求法高僧传》也是极有价值的著述。

# 3. 东渡日本弘法的僧人——鉴真

唐朝时期,佛法盛行。而有这样一位高僧,他为了东渡日本弘扬佛法,传播唐朝文化,经历了五次东渡失败,仍然不肯放弃,最终成功东渡,宣扬佛法,他就是鉴真和尚。

鉴真俗姓淳于,江苏扬州人。他于21岁那年,在长安正式受戒出家,取得了僧籍;之后开始讲经、建寺、造像,并成了一方宗首。

743年,日本学僧荣睿和普照来到扬州,请求鉴真东渡弘法。为弘扬佛法,鉴真毅然决然地答应了。

可是,鉴真等人的东渡却一再受挫。第一次东渡,他们受到了官府干涉和阻挠;第二次东渡,船刚出长江口就遇到大风,被迫返回了;第三次出海,他们刚航行到舟山又触礁了;第四次还未出海,行至温州的鉴真一行便被官府追回了;第五次东渡,他们又在横渡东海的时候遇到了台风,且在辗转返回途中,他的一个弟子去世了,日本学僧也去世了,而鉴真自己则因为暑热而染疾,最后双目失明。

失明的鉴真并没有就此放弃。公元753年,66岁的鉴真又一次出发了。这次他一路东行,终于踏上了日本国土。

东渡后的鉴真,在日本生活了10年,最终于763年圆寂。鉴真东渡日本,不仅弘扬了佛法,更将唐朝先进的医药、建筑、雕塑文化传播到了海外。

↑ 鉴真雕像

## 4. 虎门销烟，固守海防——林则徐

1785 年，林则徐出生于一个封建知识分子家庭。他 20 岁中举，26 岁金榜题名高中进士。林则徐仕途顺风顺水，然而，腐朽的清朝却已到了暮年，危机四伏。

当时，因为出口茶叶、瓷器等，中国挣了英国不少钱，一直处于贸易顺差（出口贸易额大于进口贸易额，反之则为逆差）的状态。英国为了扭转贸易逆差，向中国大量出售鸦片。鸦片是毒品的一种，一旦吸食容易成瘾，很难戒掉，而且对人的身体危害极大。知道为什么中国人在过去被称为"东亚病夫"吗？就是因为鸦片！抽上鸦片不仅意

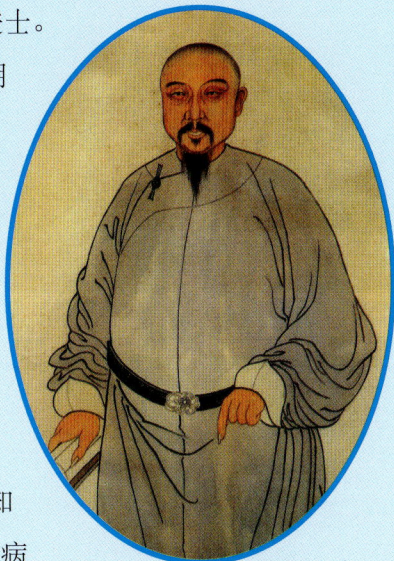

↑ 林则徐画像

味着要倾家荡产，还意味着国民的身体素质面临着垮掉的危险，这给中国带来的危害是毁灭性的。眼看着鸦片产生的危害越来越大，朝廷也无法坐视不管，于是在 1838 年，林则徐便受命为钦差大臣赴广东查禁鸦片。林则徐到达广州后，在给外国烟商的通知中说："若鸦片一日未绝，本大臣一日不回。"他坚定的态度和强而有力的措施，再加上人民的支持，让外国烟商不得不乖乖交出 2 万多箱鸦片。而为了彻底清除鸦片的危害，林则徐用了 22 天，在虎门销毁了收缴的全部鸦片。

在禁烟的同时，林则徐还意识到海防的重要性。中国经历了长期的闭关锁国，对外国的战斗力不甚了解。一开始，林则徐提出的海防战略思想还是相对消极的。他认为应该诱敌深入，等敌人到了陆上再将他们一举歼

灭。这其实相当于白白送给侵略者胜利的机会。而随着英国侵华战争形势的发展,林则徐真正认识到"船坚炮利"对取得胜利的重要性。于是,他力主建立强大的海军来增强海防力量,保卫国家!

林则徐被称为近代中国"开眼看世界的第一人"。鸦片战争之前的中国,一直自视甚高,沉浸在"天朝上国"的美梦之中,因瞧不起外国,自然不会主动去了解外面的世界了。林则徐却对此感到十分焦虑,毕竟只有知己知彼才能百战百胜。于是,林则徐找人翻译外国报纸,主动和外国人接触,去了解外国。最重要的是,他组织人翻译了《世界地理大全》,当时的译名叫《四洲志》。这本书让国人知道,原来世界上还有那么多的地方和不知道的东西。

为了国家的强大,林则徐付出了自己的毕生精力,他虎门销烟的壮举及其所体现的崇高爱国情怀,永远值得我们铭记。

⊙ 林则徐虎门销烟

## 5.《海国图志》作者——魏源

摇摇欲坠的大清王朝,除了林则徐,还有一些心系天下的有志之士,也在关注着世界的变局,写过《海国图志》的魏源便是其中一位。

魏源1794年生于湖南省邵阳县金潭(今邵阳市隆回县金潭),从小读书就十分刻苦。魏源在中了举人后,编辑了《皇朝经世文编》120卷,又协助江苏巡抚陶澍办漕运、水利诸事,并撰写了《筹漕篇》《筹齿差篇》和《湖广水利论》等著作。

↑ 魏源画像

35岁时,他参加礼部会试,可惜落第了。当时的社会由于朝廷的腐败而动荡不安,农民起义此起彼伏。他亲眼目睹了江华瑶民起义(瑶族农民起义),

并深深感受到清政府的腐败,而之后爆发的鸦片战争,更让他愤慨,也让他对国家前途感到无比忧虑。清政府的腐朽与昏庸,让他感觉报国无门,于是他立志通过写书来实现自己的志向。

林则徐在被发配新疆伊犁的途中遇见了魏源。两人惺惺相惜谈了一整晚。林则徐将编译《四洲志》的全部材料交给了魏源,希望他能根据这些资料,编纂《海国图志》。而之前,魏源已有这方面相当经验的积累,于是他慷慨应允,开始编纂《海国图志》。《海国图志》刚成书时,有50卷,到1852年,魏源将其增订到100卷。书中囊括了世界地理、历史、政治、经济、宗教、历法、文化、物产等内容。而且,魏源还对强国之路作了探索,并提出了"以夷攻夷""以夷款夷"和"师夷之长技以制夷"的观点。

《海国图志》内容丰富,体例完备,图文并茂,样式精美,对开阔国人视野、启发民智都发挥了十分重要的作用,书中"大海国"思想的提出是魏源对中国海洋思想最大的贡献。

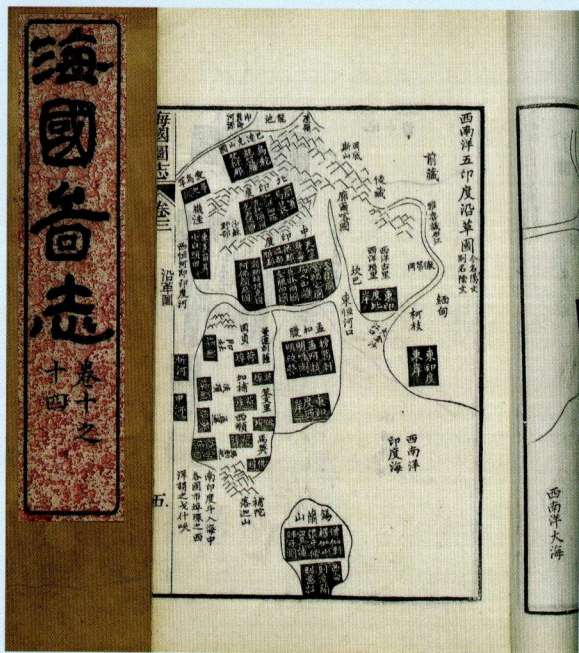

↑ 魏源的《海国图志》

# 6. 中国近代第一个新式造船厂创始人
## ——左宗棠

历史上的左宗棠最为后人景仰的,应该是他收复新疆的壮举,但同时,他还是中国最早的新式造船厂的创始人呢!

左宗棠于1812年出生于湖南湘阴,4岁跟着祖父识字读书,6岁时便开始读"四书""五经"等儒家经典,9岁就开始做科举必考的八股文了。当然,他也习读了很多诸如顾祖禹的《读史方舆纪要》、顾炎武的《天下郡国利病书》和齐南的《水道提纲》等经世致用之典。18岁后的连续几次会试落第,促使他寻找更好、更有效的报国途径。

经过不懈努力,左宗棠当上了两江总督府的四品幕僚。在这里,左宗棠开始接触军国大事,也开始了解夷人的坚船利炮与世界发展趋势。从此,他将自己与国家的命运紧紧连在了一起。

几年后的左宗棠已经锋芒初露。1849年,林则徐途经长沙时专门和他见面。年过花甲的林则徐对左宗棠期望颇高,将自己在新疆整理的资料和绘制的地图全部交给了左宗棠,这相当于将自己平定新疆的期望托付给了他。后来,左宗棠的名气越来

↑ 左宗棠立像

↑ 当时的福州船政局

越大,最终声动京城,得到了朝廷的重用。随着洋务运动的兴起,一大批近代军工企业应运而生。就是这个时期,深谙经世致用之学的左宗棠开办了福州船政局。左宗棠认为,建立造船厂是富国强兵、利民惠商不可缺少的要务。事实上,福州船政局也是清政府规模最大的新式造船厂,而且造船厂不只是造船,也培养了许多造船人才和轮船驾驶人才。

　　林则徐的嘱托也没有落空。当朝廷内部提出放弃新疆失地时,正是左宗棠据理力争并亲自率领军队,收复了新疆160多万平方千米的失地。左宗棠是一位秉性正直的民族英雄。

# 7. 中国船政之父——沈葆桢

人们常说近朱者赤,林则徐的外甥兼女婿沈葆桢很好地诠释了这一点。

沈葆桢 1820 年出生于福州。他在刻苦学习的同时,涉猎范围极广,熟悉洋务,而且做事认真,有一股韧劲,因此,不仅受到了舅舅林则徐的赏识,也得到了左宗棠的大力栽培。

左宗棠在福州设局制造轮船后,要找合适的人接手船政业务,第一个便想到了沈葆桢。为了让沈葆桢接受任命,左宗棠像当年三顾茅庐的刘备一样,亲自到沈葆桢住的地方请他出山。可是沈葆桢两次都因"重孝在身",不肯赴职。为此,左宗棠请清政府颁布了专门的谕令,这才得到了沈葆桢的首肯。

↑ 沈葆桢铜像

事实证明,左宗棠没有看错人。接手船政的沈葆桢设立了马尾船政学堂,这是中国

↑ 当时的马尾船政学堂

第一所近代海军学校。值得一提的是,学堂录取的第一个学员便是严复,即《天演论》的作者。中国的第一代海军军官和很多工程技术人才都是从这所学堂里走出来的,其中就有大名鼎鼎的邓世昌、詹天佑等,而福州马尾也成为中国船政文化的发祥地和近代海军的摇篮。沈葆桢是名副其实的中国"船政之父"。

## 8. 中国海洋大学重要校史人物——赵太侔

赵太侔是中国现代戏剧家、教育家,也是中国首所海洋院校——山东海洋学院(今中国海洋大学)的创始人之一。

赵太侔于 1889 年出生于山东青州一个普通的农民家庭中。小时候,赵太侔不但聪颖过人,还刻苦好学。中学时,赵太侔成绩优异,后考入了北京大学英文系。

大学毕业后,赵太侔先是回济南做了一名教师,不久,他公费留学前往美国著名学府哥伦比亚大学攻读研究生,专攻戏剧。1925 年,毕业回国的赵太侔开始教授戏剧课程,并先后担任过多种职务。

1930 年赵太侔先是担任国立青岛大学教授、教务长;大学更名为国立山东大学后,赵太侔出任校长。

↑ 赵太侔

↓ 现在的中国海洋大学鱼山校区

1945 年抗日战争胜利后，国立山东大学在青岛复校，赵太侔于 1946 年春再度担任国立山东大学校长。他出任校长后，经过频繁交涉，收回了被美国军队占用的国立山东大学的校舍。为了广育人才，赵太侔将原

↑ 20 世纪 30 年代的国立山东大学

来的文、理、工三院八系，扩建为文、理、工、农、医五院十四系，还聘请了许多知名专家学者到山东大学任教。他的这些举措为山东大学的建设和发展奠定了坚实的基础。

在此期间，赵太侔虽然不支持学生运动，但采取措施向国民党当局交涉，保释被捕学生，保护进步教师。1949 年 5 月，赵太侔留在青岛，迎接解放。

新中国成立后，赵太侔担任山东大学外文系教授，系山东省政协常委。1958 年，山东大学主体由青岛迁往济南后，赵太侔主动提出留在青岛，成为山东海洋学院外文教授，也是学校的创始人之一。

"文革"中，赵太侔因国民党党员背景和其他莫须有的罪名遭受迫害。1968 年，79 岁高龄的赵太侔投海自尽。

历史终会还给赵太侔清白。粉碎"四人帮"后，山东海洋学院于 1979 年 10 月为赵太侔举行了隆重的追悼会，对他的一生给予了公正的评价。

↓ 现在的中国海洋大学崂山校区

## 9. 世界上第一所海军军事学院的创办人
### ——卢斯

1827年3月5日，斯蒂芬·布利可·卢斯出生于美国纽约。他是世界上第一所海军高等学府——美国海军军事学院的创办人和首任院长。

1841年，还是学生的卢斯就进入海军服役，1862年担任美国海军军官学校船舶驾驶部部长。1886年，他晋升为海军上将。

卢斯一直致力于海军教育。他在1863年就编辑出版了第一本船舶驾驶技术的教材《航海技术》，而这本书成为美国海军军官学校的标准教科书。1875年，经他倡导，美国国会批准招募一批少年接受海军预科训练，并学习船艺等技能。卢斯一直在设想并研究"如何运用现代的科学方法，

↑ 卢斯

将海战从单纯的经验阶段上升到科学的高度"。经过卢斯的不懈努力,美国政府于1884年10月6日在德罗岛的纽波特成立了第一所海军军事学院,卢斯成为这一海军最高学府的创办人和首任院长。如今,美国海军军事学院是世界上最著名的海军院校之一。卢斯所倡导的海上力量理论在19世纪末20世纪初为全世界所公认。其后,日本、英国和德国也纷纷建立了类似于美国海军军事学院的海军最高学府。

⬆ 海军军事学院校徽

1917年,为美国海军奉献一生的卢斯去世了。为了纪念他,美国海军有三艘军舰都以他的名字命名,美国海军军官学校和海军军事学院都建立了以卢斯名字命名的大教堂,连海军图书馆也是以卢斯的名字命名的。

# 10. 第一个国际海洋科学组织的创始人
## ——波得松

奥托·彼得松出生于瑞典哥德堡，是海洋生物学的开拓者。

彼得松的科研道路并非起步于海洋研究。他于1872年获得了化学博士学位后不久，便担任了母校的物理化学讲师。几年后，他又出任了新建不久的斯德哥尔摩工业大学化学系的系主任。在斯德哥尔摩工业大学，他开始了自己的海洋学研究。

从小在海边长大的彼得松对海洋

⬆ 彼得松

有着天然的亲切感。他热爱潜水，并对水温变化和水文状况进行了大量的研究。1878年，他参加了对西伯利亚海的考察，回来后写出了《西伯利亚海海况》，并因此而获得瑞典学士院金质奖章。

热爱海洋的彼得松，在科学研究的同时也非常关心海洋生态的安全。他于1902年在哥本哈根建立了国际海洋研究机构——国际海洋考察理事会，这是世界上第一个国际海洋科学组织，负责协调和促进海洋科学考察。彼得松在60岁时，辞去了教授的职务，开始在自家宅院里设立观测所，继续为海洋研究事业奉献自己的一份力量。

彼得松还是一位发明家，他亲自设计了多种观测仪器，这些仪器都是以他的名字命名的，如"彼得松海水测量装置"（可测量出海水中氧气、氮气和二氧化碳的含量）、"彼得松海流测量装置"（能够长时间记录海流的方向和强度）。

彼得松涉猎范围十分广泛，在他涉足的诸多领域都有所斩获，让人不禁佩服他的才华。

# 第二部分

# 海洋探险人物

海洋浩瀚博大、变幻无穷又神秘莫测，使无数人心驰神往，义无反顾地去探索她的奥秘所在……让我们跟随这些探险者的脚步，去触摸海洋的脉动，去体味海洋的气息，去聆听深海的回响……

## 11. 东方的民间航海家——汪大渊

提起航海家,你可能会想到下西洋的郑和、发现新大陆的哥伦布以及环球航行的麦哲伦。但你可能不知道,在他们之前,中国就有这样一位航海家,两次乘船出海,足迹遍及东亚、东南亚、南亚、西亚、非洲及大洋洲。他还把出海见闻写成《岛夷志略》,流传后世,郑和下西洋的时候还将这本书作为重要的参考资料。更让人敬佩的是,他是自发去探索更广阔的世界的。这个人就是元代的汪大渊,西方学者称他为"东方的马可·波罗"。

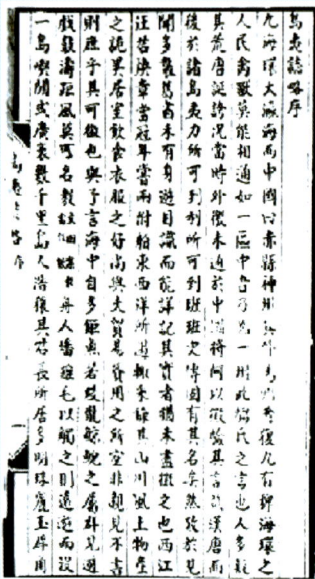

↑《岛夷志略》局部

1311年,汪大渊出生于南昌。赣江与抚河在南昌交汇,那里水上交通便利、航运发达,汪大渊也因此逐渐对航行产生了兴趣。在游历了当时中国南方最大的商港——泉州港后,中外商人对异域的描述深深地打动了汪大渊,他迫不及待地要"走出去"。

元顺帝至顺元年(公元1330年),年仅19岁的汪大渊从泉州乘远洋商船第一次出海了。他这一次出海历时四年,最终于元统二年(公元1334年)夏秋之交回国。三年后,汪大渊第二次出海,这一次他在海上远航了两年。

远航回国后,他把两次航海所见记录整理,写出了《岛夷志略》。这不仅是一本中外交通地理、经贸志,更是一本亚非风俗志,涵盖经济、人文、地理、风俗、气象等多方面的内容,让中国人了解外面世界的精彩纷呈。

汪大渊只是一介布衣,除了一部《岛夷志略》外,几乎没有其他关于他的资料传世。但是,他对世界历史、地理的伟大贡献,已经为中外学者所公认。

# 12.《宣和奉使高丽图经》的作者——徐兢

自古中国跟韩国来往就很密切,宋人徐兢的《宣和奉使高丽图经》便记录了古时候的两国来往。

徐兢字朋叔,号自信居士,和州历阳(今安徽和县)人,出生于北宋元祐六年(公元1091年),18岁时进入太学。他的书法造诣很深,山水画和人物画也非常出色,而这一切,在他出使高丽时便派上了用场。

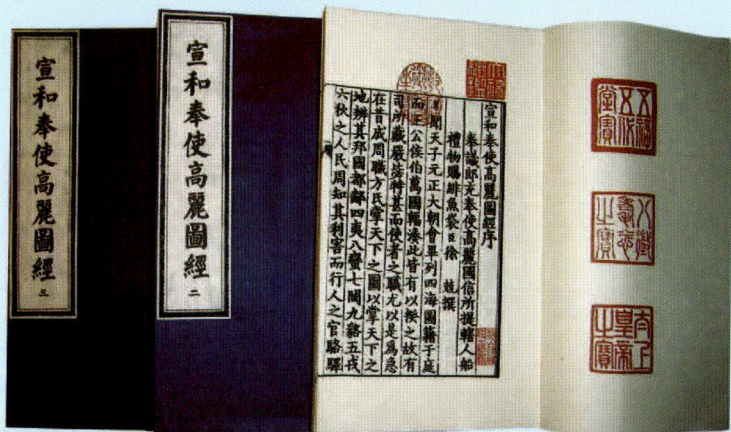

↑《宣和奉使高丽图经》

1124年徐兢随同使臣出访高丽。他不仅出色地完成了外交使命,回国后还根据在高丽的见闻撰写了《宣和奉使高丽图经》40卷。《宣和奉使高丽图经》不仅详细描述了高丽国的国体、风俗、事物,还记载了航海路线、日程,以及船队的组织、航舶装备和航海技术,从而成为科技史和海上交通史研究的重要著作。他特别写道:"船队航海,夜晚视星斗前迈,若晦冥,则用指南浮针。"也就是说,那时候航海,虽然主要凭借天文即通过观看星象来辨明方向,但指南针已经成为全天候的导航工具。这本书为当时的航海提供了有力借鉴,也为我们了解当时的航海情况提供了翔实的资料。

徐兢多才多艺、善于绘画,所以《宣和奉使高丽图经》里不光有文字,还有他精心绘制的图画,堪称艺术品。

# 13. 七下西洋的伟大航海家——郑和

若说中国最有名的航海家,肯定就是郑和了,他七下西洋的壮举,令人钦佩。

郑和出生在云南一个马姓贵族家庭里,原名马和。他在只有十几岁的时候,被明军掳走了。成了宦官的马和开始服侍燕王朱棣。在之后的政变中,燕王朱棣夺取了皇位。作为朱棣近臣的马和在政变中立下了军功,被朱棣赐郑姓。

1405年,郑和奉皇帝之命出使西洋。这年冬天,郑和率领27 000多人从南京龙江港起航,经太仓出海,开始了他的第一次远洋航行。之后的20多年里,郑和又6次远航。最后一次出海时,他已经年过花甲。郑和下西洋,是明朝政治、经济及综合国力强盛的反映和标志。作为和平使者,郑和宣扬国家间的和睦相处,与欧洲殖民者烧杀抢掠形成了鲜明的对比。他曾率队到达过爪哇、苏门答腊、苏禄、马六甲等30多个国家和地区,最远曾达红海沿岸,并有可能到过澳大利亚,这对中国了解世界的重大意义是不言而喻的。

半生漂泊海上的郑和,于1433年在航行途中去世了,大海成了他最终的归宿。

⬇ 油画中的郑和宝船

# 14. 新中国航海家——贝汉廷

近代中国经历了百年战乱，所以新中国刚刚成立时，许多事业都是一片空白，几乎没有任何基础。可是，就在那样的环境中仍然涌现出许多杰出人才，航海家贝汉廷就是其中一位。贝汉廷出生于 1926 年，他的少年时代是在战乱中度过的，因而他在

⬆ 贝汉廷

上海航务学院航海系毕业时就立下了誓言："要把我最大的力量贡献给祖国的航海事业。"

开拓探险是航海家的使命，在新中国，踏踏实实为祖国建设服务也是时代对航海家的要求。贝汉廷深深地理解这一点，因此他脚踏实地一步步做起，慢慢从一名实习生成长为船舶大副。勤奋好学的贝汉廷在工作中没有放弃理论学习，每次上船他总要带一厚摞书，所有有关航海的书籍如天文学、水文学、气象学等都在他的涉猎范围之内。贝汉廷还自学了英语、法语、西班牙语、意大利语和德语，以便于与国际同行打交道。

1962 年，贝汉廷被任命为"友谊"轮的船长，成为新中国成立后培养的第一代远洋船舶船长。两年后，贝汉廷指挥"友谊"轮抵达阿尔巴尼亚都拉斯港，遇上了正在那里访问的周恩来总理。周总理亲切地接见了全体船员，和船员们交谈、合影留念。周总理对远洋海员的关怀让贝汉廷感动不已，他当着周总理的面表示："我一辈子不离开船，不离开海洋！"

1978 年 4 月，贝汉廷船长指挥"汉川"轮抵达德国汉堡港，准备装运国内急需的成套化纤设备回天津。可是这套设备件数多，个个都很庞大，形状还不规则，而这些造价昂贵的设备在装卸运输中又不能碰、不能压，因

此德国方面根本不相信他们能一次性装回这批货。此时,贝汉廷船长拿出了一份完美的配载图,并详细地讲解了相关细节。最终,德国人被折服了,贝汉廷和他的船员们成功装完了这套设备。

贝汉廷长期工作在航海一线上,多次为我国的航运事业争取利益、避免损失。他还是中国改革开放后抵达美国西雅图港,恢复中断30年的中美海上运输航线的"柳林海"号的船长。

贝汉廷为了中国的航运事业鞠躬尽瘁。1985年,贝汉廷带病继续工作在航运一线,奔波于各条航线之间。然而,他的身体再也不允许他如此"任性"了。就在他59岁生日那天,他永远地倒下了。

贝汉廷曾说:"人有人的风度,船有船的风度,国有国的风度。"他出色地完成了自己的使命,践行了自己的诺言。

⬆ "柳林海"号轮船停靠在西雅图

# 15. 中国职业帆船第一人——郭川

环球航行，如今对一个船队来说可能并不是一件难事了，可是对一个人来说困难还是难以想象的。但中国就有这样一位孤身完成环球航海的勇士，他就是郭川。

郭川是青岛人。虽然生长在黄海之滨，他却直到30多岁才有机会真正接触帆船。酷爱冒险的郭川第一次接触帆船，便被这项拥抱大海、踏浪逐梦的运动迷住了。他萌生了专业从事帆船运动的想法。此时的郭川已经是一家大公司的副总了，工作待遇丰厚，生活富足。可是，郭川却下定决心，依然递交了辞职信，从此开始了他的帆船生涯。

30多岁才开始帆船训练，基础差加上体能跟不上，真是困难重重，但他都挺了过来，并逐渐开始参加帆船极限赛事。

他孤身一人驾驶着"青岛"号，成功挑战了40英尺级帆船单人不间断环球航行。航行途中郭川不能停顿、不能靠岸、不能接受补给，茫茫大海之上，所有的险境，他只能一人面对。海路凶险，稍有疏忽，就可能船毁人亡，所以郭川只好时刻警惕，每天睡眠时间不超过3小时。唯有大海作伴的郭川一路上乘风破浪，历经138天的颠簸，终于完成航行，回到了青岛奥帆基地码头。这一刻，这个山东大汉再也忍不住内心的激动，一个猛子扎进了海中，奋勇地游上岸，亲吻着故乡的土地，长跪不起，热泪不断地从脸颊上流下……他赢了！一切的疲累、恐惧在这一刻都成了成功的陪衬！

↓ 郭川"青岛"号凯旋场景

# 16. 创造"环球"航行奇迹的麦哲伦

现在说地球是圆的,谁都不会怀疑。可是在很久之前,人们曾以为地球是方的,中国古代也有"天圆地方"的说法。直到麦哲伦带领的船队完成了环球航行,人们才相信了"地球是圆的"这个真理。

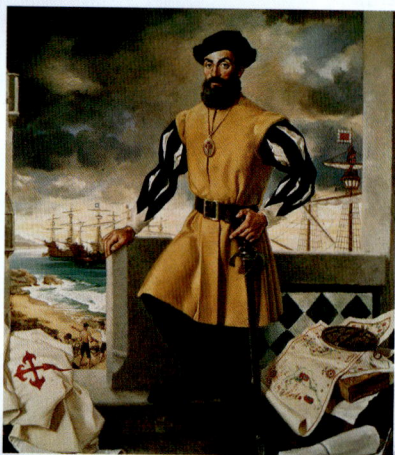

↑ 麦哲伦画像

1480年,麦哲伦出生在葡萄牙一个没落的骑士家庭里。16岁那年,麦哲伦进入了国家航海事务厅。大概就是这个时候,麦哲伦心里埋下了环球航海的种子。后来,麦哲伦向葡萄牙国王申请组织船队去探险,进行一次环球旅行,然而国王没有答应他。为了完成心愿,麦哲伦不得不离开葡萄牙,来到了西班牙。

1518年3月,麦哲伦终于受到了西班牙国王的接见。他抓住机会,向国王提出了航海的请求,并献给国王一个自制的精致的彩色地球仪。这次麦哲伦终于如愿了。

1519年8月10日,麦哲伦率领一支由5条海船组成的远航船队从西班牙塞维利亚港出发了。从这里,他们驶向茫茫大洋,开启了他们的环球之行。

就在他们出发的第二年3月,麦哲伦遇到了食物短缺的难题。船员们的情绪由此躁动起来,三个船长更是联合起来反对麦哲伦。危急关头,麦哲伦冷静下来,成功刺杀了叛乱船长,平息了叛乱。之后,麦哲伦在一个港口发现许多海鸟、鱼类还有淡水,这才化解了危机。

麦哲伦率领船队绕过美洲,在大海中继续前行,希望能找到通往"南海"的海峡。就在南纬52度的地方,麦哲伦发现了一个海湾。麦哲伦便派两艘船前去探察,可当夜他们遭遇了一场剧烈的风暴。就在巨浪翻滚的时刻,他们发现了一条通往"南海"的峡道,即后人所称的麦哲伦海峡。20多天后,他们终于穿越了海峡。此时,呈现在他们眼前的是风平浪静、浩瀚无际的"南海"。

在其后100多天风平浪静的航行中,麦哲伦十分愉悦,觉得"南海"简直就是一片福地,于是便给这片海取了一个吉祥的名字叫"太平洋"。船队经历了食物危机,又遭遇了与原住民的矛盾,这些困难没有挡住麦哲伦和他的同伴们,他们终于首次完成横渡太平洋的壮举,来到了如今的菲律宾群岛。

眼看着离人类首次环球航行成功只有一步之遥了,麦哲伦却因插手菲律宾小岛间的内讧而不幸遇难。

但是他的一艘探险船历尽千难万险,最终回到了西班牙,完成了人类历史上首次环球航行。

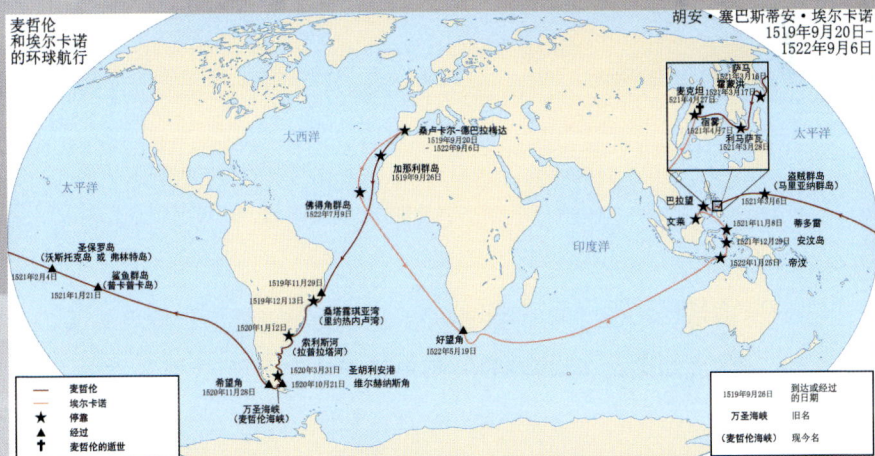

↑ 麦哲伦航行路线图

027

## 17. 发现"好望角"的迪亚士

翻开世界地图，我们会发现，非洲大陆就像一个"大楔子"，深深地嵌在大西洋和印度洋之间。而这个"楔子"的最尖端，就是曾经令无数航海家望而生畏的"好望角"。它的名字听上去很美，其实这里惊涛骇浪常年不断，是世界上最危险的航海地段之一。这个地方是航海探险家迪亚士于1488年发现的。

↑ 迪亚士画像

迪亚士于1450年出生在葡萄牙的一个贵族家庭中，他的祖父和父亲都是非常有名的航海家。迪亚士深受他们的影响，自幼就喜欢航海探险。

当时欧洲人受到《马可·波罗游记》的影响，把东方看作黄金遍地的地方。这极大刺激了西方人到东方寻找黄金的热情，他们对于越过非洲最南端去寻找通往东方的航线产生了极大的兴趣。葡萄牙王室也很希望能从中分一杯羹，于是委派迪亚士前往非洲大陆的最南端，去开辟一条通往东方的新航路。

1487年8月，迪亚士率领两艘武装舰船和一艘补给船从里斯本出发了，他们沿着非洲西海岸向南驶去，期待着弄清非洲最南端的秘密。

船队沿着葡萄牙人非常熟悉的非洲西海岸航线一直向南航行，一切看上去很顺利。他们进入非洲的时候，还在那里竖了一块石碑。

1487年12月，船队到达孔塞桑湾（现鲸湾）后，继续往前行驶了一段距离，当行进到现在的好望角时遇到了可怕的风暴。咆哮的海浪铺天盖地扑向船队，可怕的风暴把落了帆的船只推向了南方……10天后，风暴才慢慢平息下来。这时,迪亚士根据以往的航海经验,认为只要向东航行就必然会到海岸边。于是,他下令:"调转方向,向东航行!"船队向东航行了好几天,可是,他们发现海岸线看上去越来越远了。忽然,他头脑中冒出一个想法:"是不是我们已经绕过了非洲最南端,这样越往东不就离海岸线越远了吗?"他兴奋地大叫起来:"快,调转船头,向北前进!"几天后,他们果然又看见了陆地,这充分证明了船队已经成功绕过非洲大陆的最南端!而在返回葡萄牙的途中,迪亚士又经过上次遇到风暴的地方——非洲大陆的最南端。他将这个地方取名叫"风暴角"。

1488 年 12 月,经历了 16 个月航行的迪亚士回到里斯本,向葡萄牙国王报告了航海过程。国王非常高兴,可又觉得"风暴角"这个名字不太吉利,于是把它改为"好望角",意思是"绕过这个海角就有希望到达富庶的东方"。

## 18. 印度航线开辟者——达·伽马

迪亚士出生十年之后，葡萄牙著名航海家达·伽马出生了。他开辟了西欧直达印度的海路，也是历史上第一位从欧洲航海到印度的人。和迪亚士相似，达·伽马的父亲和哥哥也都是航海家。在这样家庭氛围的影响下，不到10岁的达·伽马就拟定了长期航海的计划。

1497年，达·伽马奉国王之命，开始了他的航海之旅。他率领由4艘船约170名水手组成的船队由里斯本出发，开始探索绕过好望角后通往印度的航线。他们一路航行，绕过了狂风

↑ 达·伽马画像

骇浪的好望角，进入了一片新天地——当时在欧洲航海记录上仍是空白的水域(东非沿岸)。他们继续航行，1498年5月20日，终于远航到印度西南部的卡里卡特，这也是葡萄牙一直期盼的航线拓展。完成使命的达·伽马于1499年9月回到了葡萄牙，并得到了许多赏赐。

之后，达·伽马又两次远航印度，后因感染疟疾而死于葡萄牙驻印度总督任上。

他开辟的这条印度航路，极大地促进了欧亚之间商业关系的发展。可以说，在1869年苏伊士运河通航前，欧洲对印度洋沿岸各国和中国的贸易，主要就是通过这条航路实现的。

达·伽马是一位著名的航海家，但他也是有名的"武力至上的问题调停者"。他开辟了新航路，也一直在用武力来巩固着新航路，这正是"大航海时代"最明显的印记。

# 19. 英国第一位完成环球航行的探险家
## ——德雷克

人们知道第一次完成环球航行的是麦哲伦船队,那你知道英国第一位完成环球航行的探险家是谁吗?他就是探险家德雷克。

德雷克是一位具有传奇色彩的航海家,在英国,他是名垂千古的英雄,一生共进行了三次远航。

1567 年,德雷克进行了第一次探险航行,从英国出发,横越大西洋,到达加勒比海。1569 年他第二次探险航行时,从加勒比海再往前,到达了中美洲。1577 年的第三次探险航行,德雷克循着麦哲伦的航线出发。这次,他发现了合恩角和附近的一段海峡,将这个海峡命名为"德雷克海峡"。后来他穿越了太平

⬆ 德雷克雕像

洋,横渡了印度洋,最后又绕过了好望角再次穿越了大西洋完成环球航行。德雷克在波涛汹涌的大海里激荡出的朵朵浪花,让他在英国名留青史。

德雷克在任海军中将时曾击败了西班牙无敌舰队。而这一战,让英国成为海上霸主,也让德雷克成为英国人心中的英雄。因为他的海上功绩,德雷克被封为英格兰勋爵。

# 20. 北美大陆发现者——哥伦布

克里斯托弗·哥伦布,是意大利探险家、航海家、殖民者,也是北美大陆的发现者,不过在许多人心中,他更是一种无畏地探索未知世界的精神象征。

哥伦布出生于中世纪的热那亚共和国(今意大利西北部)。他自幼就热爱航海,10岁时就有了出海经验。

19岁时,哥伦布开始在热那亚的一艘船上工作。在几次出海航行中,他发现帆船向大海起航后,从远处看,船身会由下而上渐渐消失。于是,他认为这是因为地球是圆的而造成的。既然如此,向东能到的地方,向西肯定也能到。

哥伦布画像

为了验证自己的想法,哥伦布先后向西班牙、葡萄牙、英国、法国等国的国王寻求资助,以便出海向西行驶到达中国和印度。一开始国王们并不支持这项看上去带不来任何利益的计划。后来,出于寻找通往亚洲的新贸易航线和建立海外殖民地的需要,西班牙国王资助了哥伦布。

于是,从1492年到1502年,哥伦布四次横渡大西洋,并成功到达了美洲,实现了与美洲的近距离持续接触,并且开辟了后来延续几个世纪的欧洲探险和开辟海外殖民领地的大时代。因此,人们通常认为哥伦布"发现了新

大陆"。

哥伦布的航行，拉开西班牙殖民美洲的序幕，也标志着欧洲人对美洲大陆的探险和殖民的开始。

给西班牙带来巨大荣誉与财富的哥伦布，却没有得到应有的善待。虽然第一次出海前，西班牙女王允诺了其对所发现大陆的统治权，不过这项权力却在他第三次航行时被以管理不善的借口收回了。而第四次航行归来后不到两年，哥伦布就在一个普通的旅店里逝世了。

后人并没有忘记哥伦布。为纪念他，人们把 10 月 12 日定为哥伦布日，这一天正是哥伦布在 1492 年登上美洲大陆的日子。

↓ 哥伦布到达美洲

## 21. 北极探险家——白令

北极天寒地冻，要在那里进行探险活动是非常艰难的，稍有不慎，就可能会有生命危险，但人类从来就不缺少勇者，而探险家白令就是一位十分了不起的北极航海家。现在我们在地图上看到的白令海峡、白令海、白令岛和白令地峡，都是以他的名字命名的。

白令出生在丹麦，20多岁时去俄国海军服役。正是在这艰苦的从军生涯中，他积累了丰富的航海经验，为他进行北极探险打下了坚实的基础。

⬆ 白令画像

1725年，白令奉俄国沙皇彼得一世的命令对西伯利亚的北岸进行考察，经过三年的艰难探索，1728年到达亚洲的最东端。他考察的这一地区常年冰天雪地，探险难度很大，这三年的艰辛使病痛也找上了他。还好，白令挺过来了。1735年，他继续进行他的航海事业，奉命来到鄂霍次克海。

接着,他在 1740 年建立了堪察加彼得罗巴甫洛夫斯克,现在那里已经是俄罗斯远东地区第四大城市了。1741 年,他从这里向美洲进发,继续他的北极圈探险活动。但通往梦想的道路是崎岖的,在路

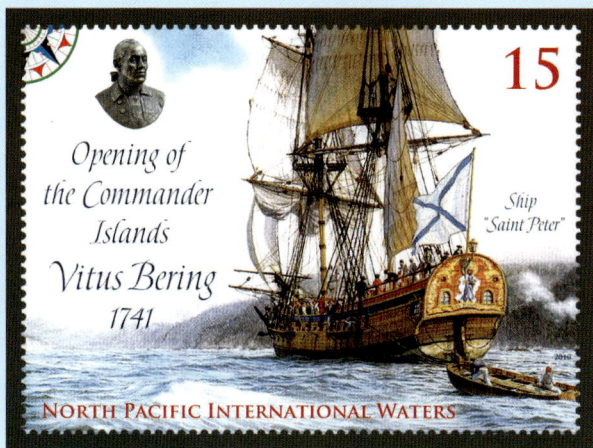

纪念白令的邮票纪念戳

上,一场突如其来的风暴将他指挥的两条船分开了。风暴过后,白令终于看到了阿拉斯加的南岸。接下来,在回彼得罗巴甫洛夫斯克的路上,白令还意外发现了属于阿留申群岛的一些岛屿。

多年的海上探险,使白令的身体不堪重负,最终他在航海的途中病逝了。

如今,白令海峡、白令海、白令岛和白令地峡这些名字在彰显着白令这位探险家的功绩,这应该是对白令最好的告慰吧!

# 22. 西北航道探险家——哈德孙

亨利·哈德孙是英国探险家与航海家，以探寻西北航道而闻名于世。

哈德孙的探险之旅并非一帆风顺。他前半生只是一名普通船员，为探索西北通道进行了三次远航，但都失败了。

屡屡受挫的哈德孙并没有放弃。之后，他凭借三次远航的经验受聘于莫斯科公司及东印度公司，继续追逐通往西北的梦想。1610年，哈德孙驾驶着他的新船"发现"号，

↑ 哈德孙画像

在5月11日到达了冰岛，并在6月4日抵达格陵兰南部，最后绕过了格陵兰的南部。之后，探险队在6月25日抵达了拉布拉多北端的哈德孙海峡，然后在8月2日通过海峡南部进入哈德孙湾。这次探险看起来很顺利，可是哈德孙仍然没有找到通往亚洲的航道。到了11月，海面结冰，哈德孙一行只好上岸了。第二年春天，浮冰终于消散了，一心希望继续前行的哈德孙却在这次探险中失踪了。从此杳无音信，据说可能是因为船员叛变，将他杀害了。

生活就像远航，途中有风暴波涛，也有风和日丽，可是无论何时梦想都不应停止。哈德孙以生命为代价去追逐自己的梦想，值得人们尊敬。

# 23. 著名航海探险家——库克船长

詹姆斯·库克,人称库克船长,他是英国皇家海军军官、航海家、探险家和制图师。他曾经三度奉命出海前往太平洋。他和他所带领的船员成为首批登陆澳大利亚东岸和夏威夷群岛的欧洲人,还创下了欧洲船只首次环绕新西兰航行的纪录。

库克于 1728 年生于英国约克郡马顿,他的父亲是个清贫的农场工人。后来,因为库克父亲的工作变动,他们一家便来到了位于大艾顿的艾雷霍姆兹农场居住。在这里,库克幸运地得到了

库克船长

农场主人托马斯·史考的资助,得以接受五年正规教育。

库克 13 岁时离开了学校,返回农场去协助已升任农场主管的父亲工作。后来,库克到一个渔村的杂货店里担任店员。经过一年多的实习,库克感到自己并不适合店务工作,而对出海探险有极大的兴趣。在店主桑德逊的引荐下,他转到邻近的港口投靠有名的船主沃克兄弟,而这里成了他航海事业的起点。

在完成三年的船队见习学徒的训练后,有了经验的库克转到了往返波罗的海的商船工作。之后他屡获升迁,最终在 1755 年成为"友谊"号的船长。当时恰逢英国准备参与席卷欧洲大陆的七年战争,胸怀大志的库克毅然投身英国皇家海军。

加入皇家海军的库克表现优异,一路从大副升到了航海长。在实战中,他在测量学和地图学方面的才能发挥得淋漓尽致。七年战争之后,他被纽芬兰总督托马斯·格雷夫斯聘为海事测量师,负责为纽芬兰岛海岸制作地图。在测绘期间,库克熟练的技巧与吃苦耐劳的品质,让他获得海军部和

皇家学会的青睐。

39岁的库克完成测绘任务返回英国时，恰好赶上皇家学会要启动前往太平洋的考察计划，身为皇家海军军官的库克便被聘为考察队指挥。库克的第一次考察，从英国出发，穿越了大西洋，绕过合恩角，经过塔希提，并绕新西兰环行了一圈，最后到达了澳大利亚。库克不光在这次旅程中记录了逾5000千米的海岸线，还在回国后将自己的周记出版成书。

1771年8月29日，回国后的库克被擢升为海军中校。第二年，他再次接受任命开始了航海旅程。这次航行，库克主要目的是想探索传闻中"未知的南方大陆"。这次航行中他两度进入南极圈，并于1773年1月30日成功驶至南纬71° 10′离南极洲不远的海域，这也是整个18世纪航海家所到过的最南端的地方。库克在大洋洲和南大西洋发现了多个岛礁，并绘制了一些航海图，收获很大。

1775年，库克被擢升为上校舰长，并获准从皇家海军荣誉退役。热爱冒险的库克并没有停下脚步，他在寻找机会出海。第二年，他第三次获得机会前往太平洋，去寻找连接太平洋和大西洋的西北航道。1779年，因与夏威夷岛上的原住民发生冲突，库克在冲突中重伤身亡。

↑ 库克之死

# 24. 第一个到达南极点的探险家——阿蒙森

阿蒙森是挪威的极地探险家,他的头上有着无数第一的光环。他领导的探险队是第一支到达南极的探险队;他是第一个到达南极点的人、第一个穿越"西北水道"的探险家,也是北极磁的发现者。

阿蒙森 1872 年出生在挪威的一个小镇上,他的父亲既是船长,也是船主。或许是太了解航海的艰难了吧,所以阿蒙森的母亲并不希望他从事航海事业,而是热切地希望他能够成为医生。孝顺的阿蒙森只好压抑着对航海的热情,遵从了母亲的愿望。

↑ 阿蒙森

母亲逝世后,21 岁的阿蒙森选择了退学,并将航海探险作为自己一生的事业。

25 岁时,阿蒙森加入了比利时南极探险队,担任大副,开始进行南极探险。虽然这次探险因为没有足够的准备,让船员一整个冬季都在船上饱受饥寒,但这却为阿蒙森未来的探险积累了相当有益的经验。

1903年阿蒙森乘小船从大西洋进入了"西北水道",并于3年后到达阿拉斯加,成为第一个乘船通过整个"西北水道"的人。

几年后,阿蒙森想去探索北极,可是当时有两支探险队宣称已经到达过北极,于是他便决定去南极。当时很多人也在对探险南极跃跃欲试,他们面临的最大困难还是严寒的天气。不过,肆虐的暴风雪没有挡住这些勇者探险南极的步伐,阿蒙森冒着风雪,艰难前进,最终顺利到达了南极,成为第一个到达南极点的探险家。

↑ 阿蒙森和他的队员在南极

他在《南极》一书中如此评价他的南极探险:"我可以说这次探险具备的最重要因素是预期所有的困难,作好预防措施来面对或是避免困难。成功是给一切都准备就绪的人,人们称这个为运气。对于没有及时作好必要的预防措施的人而言,失败是必然的,这就叫作坏运气。"在阿蒙森看来,所谓幸运,不过是准备充分的必然结果!

为了记录自己的探险生涯,阿蒙森还完成了著作《我作为探险家的一生》,这让他那段"冰冷"的历程带着生命的温度流传千古。

# 25. 北极探险家——南森

弗里乔夫·南森1861年出生于挪威的克里斯地亚尼亚(今天的奥斯陆),他不仅是科学家、人道主义者和外交家,还是一位探险家。

与其他许多出身于航海世家的航海探险家不同,南森是律师的孩子。进入克里斯地亚尼亚大学的南森,主修的是动物学,和海洋并没有直接联系。

↑ 南森

从小对航海探险充满兴趣的南森一直向往着无边壮阔的海洋,于是怀揣梦想的他于1882年在格陵兰岛水域开始了首航,这次首航为他积累了相当多的航海经验。普通的航海已经不能满足对冒险充满热爱的南森,他迫切地想要探索极地那些未知的海域。南森开始为实现这个梦想积极准备。1888年到1889年成功地进行了横断格陵兰岛冰原的滑雪,更加深了他对北极的向往,也更坚定了他征服北极的信心。

1893年,满腔热忱的南森踏上北极探险的征途,进行北极点远征。他原计划把船冻结在西伯利亚近海的冰上,然后随洋流漂。可是出发后,南森发现,漂流是行不通的,于是他决定徒步向北极前进。他和一名同伴一路上历尽艰难,最终到达了距离目标400千米的地点,这比以往任何人都更接近北极!

南森曾说:生活中要是没有梦,那生活又有什么价值呢?是啊,无论在何时,我们都不能放弃心中的梦想!

## 26. 西北航道探险者——富兰克林

约翰·富兰克林船长是出生于英国的北极探险家。他是西北航道的探险者,更是为探险而献出宝贵生命的勇者。

约翰·富兰克林船长早在 1818 年就曾经到达过北极地区,随后还在加拿大一些地区进行过陆地探险。这些独特的经历都为他之后进行西北航道的探险提供了借鉴。后来约翰·富兰克林获封爵士,并于 1836 年被任命为塔斯马尼亚总督。现在塔斯马尼亚还有他的塑像。

不过,约翰·富兰克林热衷探险,一直想要寻找到西北航道。因此1845 年 5 月,约翰·富兰克林船长率领 129 人,乘"幽冥"号和"惊恐"号出发,毅然踏上了寻找西北航道的旅程。可是,他此去路途凶险,不久就下落不明了。

人们后来经过千方百计的寻找和千辛万苦的调查得知,约翰·富兰克林在 1847 年 6 月便因肺结核在船上去世了,幸存的船员于 1848 年 4 月份选择了弃船逃生,也因饥寒交迫和旅程艰辛而不幸死去了。

成功不是一蹴而就的。约翰·富兰克林的最后一次探险虽然最终以悲剧收场了,但是要知道,人类航海事业的发展是无数船员与探险家用生命铸就的,这些付出生命的人值得我们尊重和铭记。

约翰·富兰克林塑像

# 27. "挑战者"号环球海洋科学考察队队长
## ——汤姆孙

⬆ 汤姆孙　　　　　　　⬆ "挑战者"号调查船

　　查尔斯·威维尔·汤姆孙是一名英国探险家和生物学家。16岁时，他进入爱丁堡大学学习医学，不过他更喜欢的却是大自然。最终，他还没有拿到学位证就离开了大学，开始了博物学方面的研究。

　　1850至1870年的20年间，汤姆孙在爱尔兰的几所大学教授过动物学和植物学。在那个时代，大多数科学家认为深海中没有生物存在，然而汤姆孙却不这么认为。之后，他在于挪威的罗弗敦群岛金海550米深处的一次取样中，意外采集到了活着的小海百合，这一发现轰动了整个海洋学术界。后来，他还总结了调查结果，撰写了题为《深海》的专著。

　　1871年汤姆孙向英国海军部提交了全球航行申请并得到了批准，他获得了一艘名为"挑战者"号的轻型巡洋舰用于考察。

　　在汤姆孙的领导下，"挑战者"号在1872年至1876年间行驶了12万多千米，采集到4700多种浮游生物、深海鱼类及一些罕见的深海生物样本，完成了世界上第一次环球海洋科学考察。这次环球科学考察还开创了一门新的学科——海洋学。

　　为了表彰汤姆孙对海洋科学的发展作出的卓越贡献，英国女王于1876年授予他勋爵爵位，英国皇家学会也授予他金质奖章。

# 28. 寻找东北航道的探险家——巴伦支

巴伦支是荷兰的航海家、民族英雄。他寻找到了荷兰到东方的东北航道,在人类航海史上留下了浓墨重彩的一笔。

巴伦支生活在荷兰从西班牙统治下争取独立的时代。那时荷兰北方的商人不能通过西班牙和葡萄牙去采购东方的货物,所以他们急切想要寻找一条新的贸易通道。于是,在阿姆斯特丹商会的支持下,巴伦支开始了探险旅程。

↑ 巴伦支画像

好事多磨,巴伦支寻找新航路的行程并不顺利。他第一次探险时,虽然抵达了当时已知的最北点,但在新地岛因为食物和水用尽了,探险队不得不返回。之后巴伦支再次出海,但是仍然没有重大发现。一再受挫的巴伦支并没有失去信心,面对困难,他选择了勇往直前。1596 年,巴伦支第三次出征北冰洋。功夫不负有心人。这次,他在途中相继发现了熊岛和斯瓦尔巴群岛,并再次抵达了新地岛。一切看上去都非常美好,但在返程途中巴伦支病倒了,并为自己热爱的航海事业献出了生命。

后人为了纪念巴伦支,将新地岛与斯瓦尔巴群岛之间的陆缘海命名巴伦支海。

↑ 巴伦支探险船队

# 第三部分

# 海战风云人物

从古至今,海防对一个国家都极其重要。无数的爱国将士为了维护国家的安全,怀着满腔热血与爱国热情,巡航在海上第一线,加固着海防,也留下了许多可歌可泣的英雄事迹,让我们一起来了解一下那些海上英雄吧⋯⋯

## 29. 抗倭名将——戚继光

明代,我国沿海经常遭受倭寇的侵略,人民饱受倭患之苦。戚继光率兵与倭寇进行了大大小小 80 多次战斗,在扫平倭寇之患中起到了决定性作用。

戚继光 1528 年出身于将门世家,身负厚望的戚继光从小就对军事产生了极大兴趣。他还在 20 岁的时候,就受到了当时的兵部主事计士元的推荐。之后,戚继光更是得到后来成为首辅大臣的张居正的推荐,进署都指挥金事一职,管理登州。

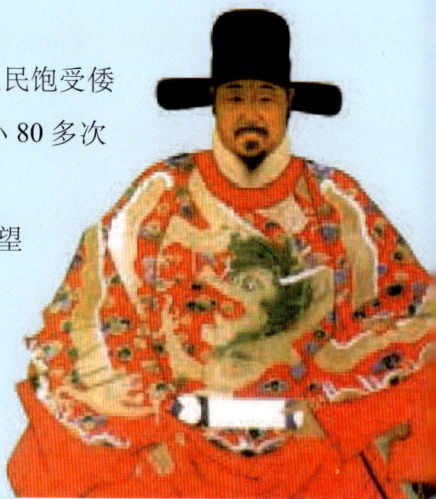

↑ 戚继光

27 岁那年,戚继光在浙江都司任参将,开始了抗倭历程。他先亲自募集矿工和农民,编练戚家军,而这也成为之后的抗倭主力。后来为了更好地抗倭,戚继光还创立了"鸳鸯阵"。这种阵法可以随机应变,变纵队为横队就是两仪阵,而两仪阵又可变为三才阵。三才阵既可攻又可守,适合于山林、道路、田埂等狭窄地形中与倭寇作战。

1561 年,倭寇大举侵犯台州,戚家军选择正面迎战。戚继光的布置周密,在临战之前就做好了各种准备。此役戚家军大破倭寇于浙江临海,九战九捷。之后戚继光又转战福建继续抗倭,并保持了不败纪录,与另一位抗倭名将俞大猷一起平息了东南倭患。

除了东南抗倭,戚继光还曾镇守北方门户蓟州,加固边防。蓟州段的长城也主要是由他负责完成的。

戚继光率兵驻守的古登州（今蓬莱阁）

## 30. 抗倭名将——俞大猷

　　俞大猷生于 1503 年，是明代抗倭名将，军功赫赫，令人敬仰。

　　俞大猷自幼家贫，但勤奋好学。15 岁时，他世袭百户，开始了他的军事生涯。33 岁时，他武进士第五名及第，于是被擢升，开始守御金门。

　　金门是明代海防前哨阵地，到任之后，俞大猷不断加强海防，金门守备完善，沿海盗匪望而却步。

　　金门因是海岛，民智未启，俞大猷便延请名师办书塾，教化当地民众，在他的努力下，民风渐改，讼诉

↑ 俞大猷像

几乎绝迹。在管理好当地政治的同时，在军事方面也没有放松，之后的俞大猷转战多地，屡建奇功，被擢升为广东都指挥佥事。

　　1552 年，倭寇大肆侵扰浙东沿海，由兵部举荐，俞大猷受命为宁台参将，率兵赴浙东、苏台参与打击倭寇的行动。当时倭寇接连袭击浙东，无恶不作，根本不把明军放在眼里。俞大猷到任后，通过分析敌情，发现倭寇虽然流动性大，难以剿杀，但他们主要的接应方式是战舰随行。于是俞大猷改变战术，一边清理战舰，一边逐敌兵下海，边追逐边打击，并事先在沿海埋下重兵，形成包围之势。俞大猷的战术十分奏效，打了倭寇一个出其不意，取得了第一次大规模的胜利。之后，俞大猷愈战愈勇，倭寇听到俞大猷的名字便心惊胆寒。浙东抗倭，充分显示了俞大猷的军事才华。

　　俞大猷一生是在戎马征战中度过的，其与戚继光一起抗倭的丰功伟绩一直为后人所称道。为纪念他的功绩，广东、福建等地都建祠纪念这位抗倭名将。

## 31. 明朝海军将领——邓子龙

邓子龙是明朝的水师将领,著名的抗倭英雄。

他出生在一个贫苦的农民家庭。年少时,为了谋生,他四处奔波。1558年,邓子龙考中武举,开始了他长达40年的军旅生涯。

邓子龙所处的年代,国家面临着内忧外患。曾经强盛的大明早已一去不返,海岸线和边陲地带时时都有战乱发生,而邓子龙一生征战在大明的疆界上。

当时我国沿海饱受倭寇的侵扰,百姓不堪其扰,邓子龙便毅然投身到了轰轰烈烈的抗倭斗争中。他先后转战福建、广东沿海,抗击倭寇十余年,经历了大小数百次战斗,并屡立奇功,为平定东南倭患立下了汗马功劳。1583年,邓子龙出兵云南,成功平定了边患。

↑ 邓子龙塑像

1598年,日本发动了侵略朝鲜的战争,并很快占领了朝鲜全境。朝鲜与我国接壤,唇亡齿寒。面对朝鲜国王的请求,明朝政府决定派兵支援。为了打击日军,明朝政府决定重新启用屡建奇功的老将邓子龙出任明朝水师副总兵,率领中国水师援朝抗击倭寇。当年11月19日,邓子龙率舰队在露梁海面遭遇了撤退的日军。年过七旬的邓子龙与朝鲜统制使李舜臣

为前锋，与日军展开了激烈的战斗。在海战中，邓子龙奋不顾身，杀敌无数，让官兵们大受鼓舞，露梁海战取得了大捷。战争胜利了，但不幸的是，邓子龙和李舜臣却壮烈牺牲了。

邓子龙和官兵们用生命和鲜血换来了最后胜利，两国人民都不会忘记他们。韩国大热的电影《鸣梁海战》即将开拍续集《露梁海战》，随着影片的上映，邓子龙也会为更多的人所熟知。

↑ 邓子龙书《登飞山》

↓ 文武双全邓子龙（丰水湖文化公园文化柱浮雕）

# 32. 收复台湾的民族英雄——郑成功

郑成功1624年8月出生于日本平户市,7岁时从日本回到故乡。郑成功从小胸怀大志,20岁时,进入南京国子监读书,拜当时著名学者钱谦益为师。

↑ 郑成功半身彩像（清 黄梓绘）

1645年,福王朱由崧在南京即位,建立南明政权,但君臣昏庸无能、不思进取,郑成功对此极为失望。第二年5月,清军攻占南京,南明政权覆没。郑成功的父亲郑芝龙在福州拥立唐王朱聿键,郑成功深受唐王赏识,被御赐了国姓朱,还被封为"忠孝伯"。后来清兵进兵福建,朱聿键在出逃途中被清军所杀。一路上,看到清军四处纵兵烧杀,郑成功义愤填膺,誓师抗清,并以厦门、金门两岛作为抗清基地。虽然清廷多次试图招抚郑成功,但郑成功坚持抗清,决不妥协投降。

1660年,清军进攻厦门,郑成功率军迎头痛击。他料到清朝会集中更多兵力前来进攻,金门、厦门弹丸小岛难以长期支撑,必须另辟基地,决定进行战略转移。收复被荷兰侵占的台湾,列入了郑成功的议事日程。

1661年1月,郑成功召集将领,作出了东征的决策。3月20日,他亲率大军25000人,乘战船500艘,从金门出发。4月1日黎明,船队驶抵鹿耳港门外,随后便在台湾登陆。当时台湾被荷兰殖民者所侵占,由荷兰总督所统治。郑成功率领的郑家军在北浅尾痛击荷军,击毙上尉贝德尔,歼敌百余人。在海上,他的水师也大败荷兰舰队,并包围重要据点赤嵌城。荷兰总督见势不妙,连忙派人表示愿年年照例纳贡,希望郑成功退兵。但是,郑成功严正声明:台湾一向属于中国,自应当把它归还原主,并勒令荷兰人立即离岛。收复赤嵌后,郑成功乘胜开始进攻台湾城。荷兰东印度公

↑ 郑成功雕像

司为了维持在台湾的殖民统治,便派战船 10 艘前来援助。郑成功下令水师在海上迎击,把荷兰援军打得落花流水,大败而逃。最终,岛上的荷军军心动摇,只好投降,沦陷了 38 年的台湾宝岛终于被收复了。

　　收复台湾后,郑成功领导军民大力进行开发与建设。他设置府县,委任官员,制定法律,进行政权建设,兴办学校,培养人才,发展文化,重视农业生产,开采黄铜,同时鼓励文武官员从事渔业、经商,建造大船,与日本、南洋各国通商,又令金门、厦门诸镇冲破清朝的海禁,同内陆商民通贩,购运各地货物,流转于海外各国。在郑成功的领导下,台湾岛上经济和文化得到迅速发展。

　　郑成功为反抗民族压迫和外来侵略,英勇顽强、不屈不挠地战斗了一生。他的爱国思想、民族气节、英雄气概鼓励了千千万万的炎黄子孙,他也成为一面爱国主义的旗帜,永远受到人们的怀念和敬仰。

## 33. 清初海军将领——施琅

　　施琅是清朝初期的海军将领,他在清政府收回台湾的过程中发挥了极其重要的作用,为中国的统一作出了巨大贡献。

　　施琅的一生颇具传奇色彩。他1621年出生于福建省泉州府晋江县,当时还是明王朝统治中国。后来清军入关,施琅便归从了清朝。但他后来又加入郑成功的抗清义旅,并成为郑成功的重要部将,积极参与反清活动。在郑成功治理台湾期间,因与郑成功产生了激烈的矛盾,施琅出走,投降了清朝,并先后担任了清朝的副将、总兵和水师提督,多次参与清军对台湾郑氏家族的进攻和劝降。

↑ 施琅雕像

　　1681年,郑经去世了,其幼子郑克塽即位。这时康熙皇帝听从大臣的建议决定攻打台湾,并任命施琅为福建水师提督,施琅开始积极备战。次年,康熙皇帝任命福建总督姚启圣统辖福建全省兵马,同提督施琅一起进攻澎湖、台湾。1683年6月,施琅率领清朝水师在澎湖对战明郑水师,获得大胜,后郑克塽率领臣民降清。之后施琅还上疏请求朝廷在台湾屯兵镇守、设府进行管理,力主保留台湾、守卫台湾。其建议被康熙皇帝采纳,施琅因战功被授予靖海将军,封靖海侯。

　　对于施琅的评价,后人曾经产生过争议。有人诟病他曾降清,反清,又再降清。可是对于整个中国来讲,从主张渡海征伐到坚决主张将台湾收复,施琅都是一个积极而坚决的人物。他站在了当时历史的潮头,适应了国家走向统一和稳定这一形势的需要。在关系中华民族根本利益、关系中国发展前途的台湾归属问题上,施琅为中华民族作出了不可忽视的重要贡献,我们要肯定他的历史功绩。

# 34. 中国近代海军第一位提督——丁汝昌

　　提起黄海海战，就不得不提到丁汝昌这个人，他是中国近代海军的第一位提督。

　　丁汝昌出生在安徽省庐江县。小时候因为家境贫穷，他只读过三年的私塾，10岁时无奈辍学。1854年18岁的丁汝昌参加了太平军，后在安庆被清军围困投降。在之后与太平军的战斗中，丁汝昌作战勇猛，逐步被提拔。1868年，他被授予总兵的称号，并加提督衔，被赐予巴图鲁的称号（清朝对第一勇士的称呼）。1874年，清王朝虽面临西方列强的不断侵略，但仍然决定裁军，丁汝昌坚决反对这一举措，触怒了皇上。为了避免杀身之祸，他只好主动辞官回乡。

↑ 丁汝昌

第二年，碰巧遇到李鸿章负责组建海军，丁汝昌决定前往投靠，慧眼识珠的李鸿章便让丁汝昌参与海军的组建工作。

　　1888年，北洋水师正式建军，丁汝昌任提督，从而成为中国近代海军的第一位提督。1894年，中日甲午战争爆发了。当年9月，朝鲜的平壤战役开始了，丁汝昌奉命率领北洋水师主力护送陆军增援朝鲜驻军，但在返航的途中，在鸭绿江口的大东沟附近海域遭遇了日本舰队，著名的黄海海战爆发了。在海战中，丁汝昌在旗舰"定远"舰上指挥清军战斗，不幸被炮火所伤。经过5个小时的激烈战斗，清军方面，"致远""经远""超勇"三艘巡洋舰被击沉，"扬威"号被济远撞沉，"广甲"号逃逸搁浅自毁，共计损失5艘巡洋舰，其余的舰艇也都损伤严重，日本联合舰队也有5艘军舰被重创。之后，丁汝昌奉李鸿章之命镇守威海卫，他因为担心陆军的作战能

**↑ 黄海海战**

力而建议做好炸毁陆上海岸炮台的准备，结果被指为"通敌误国"，清廷下令将其交刑部治罪。幸好有李鸿章等人的申辩及请求，清廷才暂缓了对他的处罚。

1895年1月，日本军队在山东半岛登陆。随后，日军在陆地作战中攻克威海的陆上炮台，形成海陆合围北洋水师的局面。丁汝昌与北洋水师的残部只好固守刘公岛等待支援。但这时"定远"舰却中了日军的鱼雷而失去行动能力。为了不让日军得到它，北洋水师忍痛炸毁了"定远"舰。丁汝昌对于这场战争的失利深感愧疚。

后来，清政府为了掩饰自己的过错而将北洋水师的全军覆没归因于丁汝昌缺乏指挥海军的经验，而光绪皇帝也下旨没收其全部的家产。直至1910年清政府才为丁汝昌平反。

纵观丁汝昌的一生，不得不说这是一个英雄的悲剧，但他的爱国精神及为抵抗外国侵略所作出的贡献是不能被抹杀的。他的英勇事迹将永远被人们铭记。

# 35. 北洋水师总兵——刘步蟾

在 1894 到 1895 年的中日甲午战争中，涌现出了许多英雄人物，刘步蟾就是其中之一。他是北洋水师的高级将领，也是旗舰"定远"舰的舰长，官至右翼总兵。甲午战争后期日军逼近了北洋水师的最后防地威海，刘步蟾不得已炸沉"定远"号旗舰，自杀殉国。

刘步蟾 1852 年生于福州，自幼丧父，由母亲抚育长大。1867 年他考入由沈葆桢兴办的福州船政学堂学习，1871 年得到了去训练舰"建威"号实习的机会。在实习中，他驶经了我国的厦门、香港、渤海湾和新加坡等地。第二年，他就以学堂首届第一名的优秀成绩毕业了。4 年后，刘步蟾被清政府派往英国留学，并在英国皇家海军地中海舰队的旗舰上实习。在英国学成的刘步蟾于 1878 年回到了祖国，担任北洋水师"镇北"号舰艇的舰长。

↑ 刘步蟾

1881 年，李鸿章决定在德国购买两艘先进的铁甲舰(即"定远"号及"镇远"号)，命刘步蟾前往船厂监造、验收，并协助驾驶舰艇回国。4 年后，随"定远"号回国的刘步蟾被任命为"定远"舰的舰长。北洋水师成立后，刘步蟾又被任命为水师右翼总兵。

1894 年甲午战争前，熟悉海务的刘步蟾就已认识到海军的重要性，而当时日本也在大力发展海军，因此他多次向李鸿章提出北洋水师必须逐年添置新的船舰用来对抗日本，但李鸿章在当时的政治环境下已无力再为北洋水师添船添炮，这也为后来甲午战争的失败埋下了伏笔。

1894 年 9 月，北洋水师与日本联合舰队在黄海发生了海战，刘步蟾指

↑ "定远"号

挥作为海军主力的"定远"号与日军的舰队顽强作战。海战由中午持续到下午,"定远"舰多处中弹。提督丁汝昌在战事初期便身受重伤,情况紧急之下,舰队改由刘步蟾指挥。此时的刘步蟾深知责任重大,在激烈的战斗中奋不顾身,宁死不退。可是,敌我力量悬殊,北洋水师最终还是战败了。海战中刘步蟾的英勇表现让他获得了重用,海战后他代理受伤的丁汝昌担任水师提督。

　　第二年2月4日,日军鱼雷艇突袭威海卫,"定远"舰受损船舱进水。随后日本陆军又占领陆地的岸炮,再次击伤"定远"舰。刘公岛即将陷落,为了不让"定远"舰落入日军手中,刘步蟾只好将"定远"舰炸沉。当夜,刘步蟾追随自己的爱舰,自杀殉国。

　　每每提到中国的近代史,对刘步蟾这样的历史英雄人们不免会为之惋惜,但他们保家卫国、奋勇杀敌的精神会一直激励着我们。

# 36. "镇远"号舰长——林泰曾

林泰曾出生于 1851 年,福建侯官县人,清代北洋水师的高级将领。

林泰曾和林则徐及沈葆桢两个著名人物都有着亲缘关系。林泰曾父母早亡,自强奋进的他 16 岁时便考入福建船政学堂学习船舶驾驶。毕业后,一心报国的林泰曾赴欧洲游历,并进入英国海军实习。实习期间,林泰曾在多种军舰上工作,从此,他的一生和军舰紧密地联系在一起了。

28 岁那年,林泰曾回到了千疮百痍的祖国。他一回国就被调入了北洋水师。6 年后林泰曾成为"镇远"号的

↑ 林泰曾

舰长,在北洋海军成立后担任了左翼总兵并加提督衔。

1894 年中日甲午战争爆发,林泰曾指挥"镇远"号与日本联合舰队作战。当时"镇远"舰是北洋舰队的主力战舰之一,自然成了日军围攻的目标。而"镇远"号虽多处中弹并曾一度起火,但林泰曾仍沉着应战,未曾退避。最终虽然黄海海战战败,"镇远"号还是保存了下来。但不幸的是,"镇远"号在 12 月 17 日从旅顺撤入威海港时不慎触礁,即便修复后也不能出海作战了,这让北洋舰队实力大减。

林泰曾为此自责不已,忧愤交加,于 19 日的清晨自杀殉国。

# 37. 甲午海战中以身殉国的管带——邓世昌

↑ 邓世昌

北洋水师"致远"号的管带(即舰长)邓世昌是广东番禺人,出生于1849年,18岁时进入马尾船政学堂驾驶班第一期学习,7年后以优异成绩毕业。毕业后第二年他被委任为"海东云"炮舰的管带。当时正值日本派兵侵犯台湾,他奉命巡守澎湖、基隆,因才能出众逐步升职。

1880年,李鸿章在为建设北洋水师搜络人才时发现了邓世昌,将他调至北洋麾下,他先后担任"飞霆""镇南"蚊炮船的管带。同年冬天,北洋水师在英国订购的"扬威""超勇"两艘巡洋舰完工,丁汝昌率领水师官兵200余人赴英国验收舰艇,邓世昌随队前往。1881年11月,船舰安全抵达大沽口,这是中国海军首次完成北大西洋—地中海—苏伊士运河—印度洋—西太平洋航行,大大增强了中国的国际影响,而邓世昌也因驾驶舰艇有功被清廷授予"巴图鲁"的称号,并被任命为"扬威"舰的舰长。1887年春,邓世昌38岁时,他率队赴英国接收清政府向英国和德国定造的"致远""靖远""经远""来远"四艘巡洋舰,并于年底顺利回国。因接舰有功,他被擢升为副将,并任"致远"舰的舰长。

↑ "致远"号

　　1894 年 9 月 17 日,是中国近代史上沉痛的一天。这天,北洋舰队在黄海遭遇日本舰队的突袭,进行了激烈的黄海海战。在海战中,邓世昌指挥"致远"舰奋勇作战,但寡不敌众。"致远"舰中弹燃起大火,船身倾斜。在这种危急的情况下,邓世昌决定以死殉国。他率领官兵毅然驾驶舰艇全速撞向日本主力舰"吉野"号右舷,决意与敌人同归于尽。日军见状大惊失色,集中火力向"致远"舰射击,很不幸的是,其中一发炮弹击中了"致远"舰的鱼雷发射管,引燃了管内鱼雷,"致远"舰船身爆炸沉没了,邓世昌也坠落到了海中。他拒绝了下属抛来的救生圈后,爱犬"太阳"游到他的身边,嘴巴衔着他的衣服要救他。但邓世昌立誓要与军舰共存亡,他毅然将爱犬按入水中,慢慢消失在波涛之中,全舰官兵 250 余人一同壮烈殉国。

　　邓世昌牺牲后举国震动,光绪皇帝下旨赐予邓世昌"壮节公"的谥号,并亲自撰写祭文和碑文。威海当地百姓也为其忠烈行动所感动,于 1899 年在成山上为邓世昌塑像建祠永久供奉。新中国成立后,中国人民解放军海军命名新式远洋综合训练舰为"世昌"舰,以此纪念邓世昌。

## 38. 极富传奇色彩的海军将领——萨镇冰

中国近代海军史上,萨镇冰绝对是一个不可以被忽略的人物。在甲午战争中,身为"康济"练习舰舰长的他,带领水兵坚守住了渤海湾口的日岛炮台。民国期间,他曾担任海军总长、代理国务总理等要职。新中国成立后,他又当选为首届全国政协委员和中央人民政府人民革命军事委员会委员。纵观他的一生,不得不说他是一个极富传奇色彩的人物。

↑ 萨镇冰

萨镇冰1859年生于福建闽县,家境贫寒,靠着族叔萨觉民的资助才念得起书。11岁时,通过萨觉民的推荐,萨镇冰考入福州船政学堂学习轮船驾驶。4年后,不负众望的萨镇冰以第一名的优异成绩毕业了。1877年,萨镇冰作为中国海军第一批留学生赴英国留学,考入格林尼茨皇家海军学院。因为清政府的腐败无能,萨镇冰等学员在资本主义国家备受欺凌。这所有的屈辱,都变成了萨镇冰学习的动力。留学期间,他努力学习布阵、迎战和电气、枪炮、水雷等技术战术,准备全力报效祖国,让祖国更强大,因为他深知"弱国无外交"这个道理。

3年后,萨镇冰学成回国。回国后的萨镇冰,先是担任北洋水师学堂的教习。他在当教习时,一心为国,把自己学来的知识毫无保留地传授给了学员们。但当时的清政府软弱无能,一味退让,接连战败,这让萨镇冰痛心疾首。他再也无法在教习的位置待下去了,便申请奔赴前线杀敌。1889年初,萨镇冰终于如愿以偿,被调入北洋水师。

1894年7月,日本海军在鸭绿江口对北洋水师舰队进行突然袭击,中日甲午海战爆发。战火一路蔓延到黄海、渤海和辽宁、山东半岛,萨镇冰奉命守卫渤海湾口的日岛。日本海军18艘舰艇分成四批每天轮番猛攻,倾泻的炮火把岛上的防御设施几乎夷平。萨镇冰始终沉着指挥，英勇还击，坚守了 11 天之久。甲午海战最后还是以中国失败告终，萨镇冰等海军官兵全部遭革职遣乡。直到 1899 年，清

⬆ 萨镇冰曾任管带的"海圻"号

政府意欲重建海军，才重新启用萨镇冰。之后萨镇冰一路高升，最终被提拔为海军大臣和海军提督。

　　辛亥革命以后，北洋军阀统治期间政权如走马灯一样更迭，萨镇冰的头衔也不断变换，但统治者只是想利用萨镇冰的名声和影响力而已。可对于萨镇冰来说，为人民造福才是他的真正追求。1922 年，萨镇冰被黎元洪任命为福建省省长，他欣然赴任，去做一些利国利民的实事。到任后他极力改革官场陋习，要求官员平民化，并以身作则，福州当地人都亲切地称他为"平民省长"。萨镇冰有一颗"菩萨心"，常常救济穷苦人家。他刚卸任福建省省长，碰巧南港发生兵灾，心系人民的萨镇冰立马卷起了铺盖住到南港救灾，而且在那一住就是三年。在此期间，萨镇冰以自己的名义发起"福州兵灾救济会"和"南港兵灾善后会"，用先后募集的 16 万元捐款在乡下盖房、修路、搭桥、劝耕等，帮助灾民重建家园。绝处逢生的南港乡民十分感激他，这也是萨镇冰被称为"活菩萨"的由来。

　　1952 年 4 月，经历了清末、民国最后又亲眼见证了新中国成立的萨镇冰逝世了。对一个心系国家的将军来说，我们的国家获得新生，一定是他最大的满足。

## 39. 英勇抗日的海军将领——陈季良

中国近代海军将领陈季良出生于1883年,是福建侯官县人。巧合的是,民族英雄林则徐是他的表舅。陈季良曾在南京江南水师学堂学习,毕业后又到英国留学。学成回国后,他先后在多艘军舰上任职。

1919年9月,陈季良受命率领中国舰队抵达庙街执行巡航任务。他协助苏俄红军攻克了日本"领事馆",击毙日军数十人,维护了国家的主权和尊严。1932年,他升迁至国民政府海军部常务次长兼第一舰队司令。

↑ 陈季良

1937年"七七"事变爆发后,侵华日军实行南北夹击,妄图3个月灭亡中国。陈季良临危受命,被任命为江阴封锁区总指挥。在没有任何空军力量支持的情况下,陈季良毅然率领中国海军第一舰队的4艘战舰与日本300多架战机、70多艘军舰浴血奋战了两个月,击落敌机20多架。这场敌我力量如此悬殊的海空战实属罕见,德国军事顾问团团长法尔肯豪森称之为"第一次世界大战后最惨烈的海空战"。

一个月后,日本海军联合航空队继续进犯。在战斗中,陈季良被弹片击中腰部,血流如注,摔倒在甲板上,但仍从血泊中顽强地站起来,与全舰官兵一起用手枪、步枪与敌人血战,直到将所有的子弹打光。负伤后,他移驻安定舰继续进行指挥,完全将生死置之度外。1945年,陈季良旧伤复发逝世,享年62岁。

陈季良身上体现的不畏强敌、百折不挠的民族精神和爱国情怀值得我们每一个人敬仰与学习!

# 40. 清末民初海军将领——程璧光

程璧光是清末至民国初年中国海军的一名重要将领，也是支持孙中山革命的重要力量。

程璧光出生于1861年，他的父亲原为在美洲经商的商人。他10岁时因父亲去世而回国投靠了姐夫。14岁时，他进入了福州船政后学堂学习驾驶船舶。毕业后程璧光曾任广东水师"广丙"号的舰长。

在黄海海战期间，"广丙"号曾从后方支援投入战斗，开炮击伤了日本军舰"西京丸"号，但程璧光亦中弹受伤。后来受北洋水师投降牵连，他被迫革职回乡。

↑ 程璧光

回乡后的程璧光遇到了同乡孙中山，在孙中山极力劝说下，他加入了兴中会。后因起义外泄，程璧光外逃到了南洋。后来经李鸿章说情，他回国继续担任海军军官，4年后还担任了巡洋舰队统领。

1911年，程璧光率领"海圻"舰前往英国参加乔治五世加冕。就在他们回国途中，辛亥革命的消息传来了。出访中亲身感受了近代文明的程璧光决定支持革命。

袁世凯篡夺辛亥革命的胜利果实后，程璧光曾一度出国暂避。在"辫子军"张勋复辟时，程璧光毅然率第一舰队南下广州，支持孙中山的护法运动。在第一次护法运动中，他实际成为孙中山重要的军事力量。

1918年1月28日，冒着生命危险支持革命的程璧光被暗杀。然而，他维护国家主权、追求民主进步的品质依旧在历史的时空里闪耀着光芒。

## 41. 中山舰舰长——萨师俊

萨师俊是国民政府海军军官,也是在抗日战争中阵亡的军衔最高的海军军官。1938年10月24日,他在指挥中山舰参加武汉会战时于长江江面上壮烈牺牲,被追授海军上校军衔。

↑ 萨师俊与中山舰

萨师俊1895年生于福建省福州府闽县的雁门萨氏家族,其叔公就是海军名将萨镇冰。萨镇冰是北洋水师将领,参加过甲午海战,是中国海军的元老人物。在叔公的影响下,萨师俊自幼便以雪甲午海战之耻为奋斗目标。他 17 岁时就以优异成绩毕业于烟台海军学校,进入国民政府海军服役,逐渐由初级军官升至舰长,并担任海军闽厦警备司令部副官处长、海军第一舰队司令部参谋等职,1935 年被委任代理中山舰舰长。

1937 年卢沟桥事变爆发,中日全面开战,萨师俊奉命率中山舰到南京、上海一带筹备防御,驻守南京。淞沪会战失利后,国民政府迁往"陪都"重庆,他率舰承担掩护转移、运输物资,以及长江上的防务、布雷等任务,之后随海军部迁到湖南岳阳。第二年,因为海军舰船减损严重,国民政府裁撤了海军部,改为战时海军总司令部,并将残余的军舰编为两个舰队。萨师俊的中山舰被编入第一舰队,中山舰成为海军剩余舰只中最大的舰只之一。

1938 年 6 月,日军占领安庆,武汉告急。之后,武汉会战全面打响。10 月,武汉会战接近尾声,日军派飞机猛烈轰炸金口至城陵矶一带。中山舰奉命驶往汉口途中遭遇了日本轰炸机,萨师俊率舰迎击,但舰首的大炮在连续发射后发生故障,日机随即猛烈轰炸中山舰,首先中弹的是舰尾左舷,接着锅炉舱被炸起火。萨师俊的双腿被炸断,左臂受重伤,可是他仍坚持指挥,不肯离舰。但中山舰失去动力,进水严重,已无望得救。在部下的再三坚持下,萨师俊方才和受伤官兵登上舢板离舰。但是,日本飞机违反国际公约对载有伤员的两艘舢板进行扫射攻击,萨师俊同舢板上的另外15 名官兵全部阵亡,中山舰也最终沉没。

## 42. 国民党第二舰队起义将领——林遵

↑ 林遵

林遵是中国海军史上的重要人物，是中国人民解放军海军的创建者之一，也是中国人民解放军的海军少将。

林遵1905年出生于江苏南京一个海军世家，与林则徐同属福州闽侯林氏家族。家族中赫赫有名的前辈们激励了他，因此他进入了烟台海军学校学习。毕业后，他远赴英国学习海军技术，1934年回国后又被派到德国学习潜艇技术。1937年，日本发动了全面侵华战争。在国家危急的时刻，林遵不顾危险，毅然回国参加了抗日战争，在战场上屡立战功。

抗战胜利后，林遵被任命为驻美国大使馆海军副武官，晋升为海军上校。第二年，林遵回国作为总指挥率舰队前往西沙群岛、南沙群岛宣示主权，立碑升旗，扬我国威。

1948年，已经是第二舰队司令的林遵，奉蒋介石之命，驻防长江。林遵对国民党政府的腐朽深感失望，最终选择了起义。这为解放战争的胜利提供了有利的条件，使他成为新中国的功臣。

1979年，林遵去世，遵其遗嘱，他的骨灰洒向东海。

# 43. "重庆"号起义将领——邓兆祥

邓兆祥 1903 年出生于广东省肇庆市。他是国民党海军起义将领，新中国成立后历任中国人民解放军海军副司令员和全国政协副主席。

邓兆祥早在青少年时代就立下雄心壮志，决心献身中国的海军事业，为振兴中华而奋斗。1914 年，年仅 11 岁的邓兆祥便进入黄埔海军学校学习，毕业后又到南京海军鱼雷枪炮学校学习，之后还到过英国留学。学成归国后，邓兆祥迅速地成为国民党海军部队里的技术骨干。

↑ 邓兆祥

1945 年，抗日战争胜利后，邓兆祥奉当时的国民政府之命，赴英国接收"重庆"号和"峨眉"号两舰返回国内。而"重庆"号是当时国民党海军中装备精良、火力最强、航速最快、排水量最大的巡洋舰，邓兆祥便是"重庆"号的舰长。

解放战争时期，三大战役胜利结束，"重庆"号巡洋舰上的爱国官兵决定弃暗投明，推翻国民党统治，在中共上海局统一领导下，发动了震惊中外的"重庆"号起义。当时任"重庆"号巡洋舰舰长的邓兆祥，在爱国士兵的热情开导下也毅然决定参加起义。

新中国成立后，邓兆祥成为光荣的中国共产党党员，开始致力于新中国的海军建设，为建设祖国强大的国防立下了汗马功劳。

↓ "重庆"号

## 44. 新中国第一支海军部队的创建者
### ——张爱萍

↑ 张爱萍

张爱萍是中华人民共和国的开国上将,极富传奇色彩。他从少年时代就参加革命活动,18岁加入中国共产党。在国内战乱不断的年代,他先在家乡积极组织学生、群众进行革命活动,后又到上海参加了中共地下工作,经历了万里长征,参加了抢夺娄山关、攻克遵义城的战斗。

长征胜利会师后,抗日战争爆发了,张爱萍奔赴上海担任中共江浙省委军委书记,组织沪杭宁地区的抗日游击战争。1938 年春，他任八路军总指挥部参谋，在八路军武汉办事处做统战工作。次年 1 月，他从沿海转战内陆，担任中共豫皖苏省委书记。1940 年 8 月，他担任八路军第五纵队第三支队司令员，率部挺进淮海、盐阜地区开辟苏北抗日根据地。

1945 年，经中国人民的八年艰苦抗战，日本无条件投降。可久经沙场的张爱萍，却意外头部受伤。后来因伤情发作，他不得不到苏联疗养，直到 1948 年底伤愈回国。

一回国，张爱萍就立即投入工作。1949 年 4 月 23 日，华东军区海军成立，张爱萍成为第一任司令员兼政治委员，并参加了渡江战役。

新中国成立后，为了组建一个有战斗力的海军队伍，张爱萍着手从多个方面进行推动。在人员建设方面，以人民解放军陆军为基础，团结原海军人员，共同建设人民海军；在舰艇和武器装备的建设上，组建舰艇调查修装委员会，在最短的时间内形成了一支有战斗力的海军力量，等等。张爱萍将军为我国的现代化海军建设发挥了关键的作用。

⬆ 华东军区海军在战斗

# 45. 海洋管理工作的拓荒者——齐勇

作为我国海洋管理工作的拓荒者，齐勇是不应被忘记的重要人物。齐勇是安徽六安人，出生于1915年，14岁就参加了红军，在抗日战争和解放战争中表现英勇。

新中国成立后，我国科技落后，许多事业都一片空白，急需拓荒。1964年，海军党委决定调齐勇到北京，主持筹建国家海洋局。在如此艰苦的环境中，承担如此艰巨的任务，对齐勇来说显然是一个巨大的挑战。没有先例可循，也没有样板可供参考，但是他坚信，办法总比困难多，国家海洋局一定会建立起来。

↑ 齐勇

当时一些专家从技术上考虑，认为将国家海洋局机关放在天津更合适，但齐勇从未来我国海洋事业发展的角度提出，设在首都北京可能会更有利于海洋事业的发展。而他的意见最终得到了海军党委的理解和支持。1964年9月1日，在北京市东城区的一座欧式小楼里，国家海洋局正式成立。

之后被任命国家海洋局第一任局长的齐勇，走访专家，征求意见，培养人才，一刻不停地为国家海洋事业的发展而奔走。

不幸的是，齐勇在"文革"中含冤离开了人世。

几十年过去了，从战火中走过来的有着赫赫战功的齐勇，为我国海洋事业立下过汗马功劳的齐勇，永远活在我们的心中！

# 第四部分

# 海洋神话与民俗人物

　　浩淼深邃的海洋,时而风平浪静,时而波浪滔天。面对变幻莫测的海洋,先民们有困惑,也有恐惧,于是便想像出了许多引人入胜的海洋神话,神话里有善良的妈祖,有圣洁的伊美娜,还有喜怒无常的波塞冬……

## 46. 中国"海上女神"——妈祖

你知道妈祖吗？在我国，她可是影响广泛而深远的海神之一。她是人们心中不折不扣的"海上女神"呢！

根据《闽书》上记载，妈祖确有其人。她姓林名默，北宋人，生于福建。据说她从小就天资聪颖，而且还有极好的水性，常常救助海上的渔民于危难之中。林默16岁那年秋天的一天，其父兄驾船渡海北上之际，海上突起狂风暴雨，船只遭损，情况危急。这时林默在家织布，突然闭上眼睛，全力扶住织机。母亲见状，忙叫醒她。林默醒来时失手将梭打掉在了地上。林默哭道："父亲得救，哥哥死了。"不久有人来报，其父亲得救了。林默陪母亲驾船前往大海里寻找失踪的兄长。她们突然发现有一群水族聚集在波涛汹涌的海面，众人十分担心，而林默知道水族是受水神之命前来迎接她。这时海水变清，其兄遗体浮了上来，于是将遗体运了回去，这件事在当地引起了轰动。

林默28岁时到海上救人，不幸溺水而亡。因为善良的林默生前常常帮助人们，死后又屡屡显灵救助遇险的渔民，人们为了纪念她，就尊称她为"妈祖"。后来，在海上谋生的渔民纷纷建立了妈祖庙（也称"天后宫"），来祈祷妈祖保佑自己和亲人出海顺利。现在，妈祖信仰已经流传到了沿海各地，可以说，有华人的地方，就有妈祖的信仰存在！

◀ 妈祖塑像

## 47. 海龙王

你一定听说过海龙王吧,在影视作品中,生着犄角的海龙王总是跟降雨联系在一起。而对沿海居民来说,海龙王可是有着非凡本领和神奇力量的海内天子,掌管着渔民的生产作业和旦夕祸福。所以人们崇拜海龙王,希望龙王能保佑他们安居乐业。那么,海龙王是从何而来的呢?

传说远古时代,中国每个部落都有自己的图腾。随着中原信奉龙的部落逐渐强大,龙作为骁勇善战、智慧威严的象征逐渐统领了整个中国。到了唐朝,龙的地位已经由远古时代的图腾转化为河海之君。于是,从宫廷到民间,人们开始普遍祭祀龙王。

后来佛教传入中国,随之而来的是佛经中的龙王称呼和佛经上的事迹在社会上产生了很大的反响。于是龙王与宗教融合在一起,成了人们新的信仰寄托。

↑ 神话中的海龙王

我国古代书籍《淮南子》里说:"云从龙,故致雨也。"意思是说,云总是和龙在一起,龙能带来雨水。因此每当风雨失调,遇到洪涝或者旱灾,人们便会举行祭祀大典祈求风调雨顺。这样从沿海到内陆,民间的龙王信仰就越来越兴盛了。

现在,龙王祭祀活动已成为民俗文化的瑰宝,许多地方都设有龙王庙,可见海龙王民俗文化的魅力。

## 48.希腊海神——波塞冬

约71%的地球表面是海洋,所以许多民族都有关于海神的传说,而希腊的海神则是喜怒无常的波塞冬。

传说中,波塞冬威严而凶猛。他手握三叉戟,乘着金色战马,威风凛凛,而他的住处则是深海的金色宫殿。不过这个海神非常任性,他的所作所为并不都是按常理出牌!

有时候,他是人们的保护神。他一高兴了,就用三叉戟击碎岩石,让甘甜的泉水从岩石的缝隙中缓缓流出来,滋润大地,灌溉农田。而且只要波塞冬的金色战马经过海面,波涛汹涌的大海就会立即变得风平浪静。每当渔民在海上遇到危险的时候,波塞冬的吉祥物海豚就奇迹般地出现,帮助渔民化险为夷。此时的波塞冬是多么让人感激呀!

不过,波塞冬不高兴的时候就变脸成了"恐怖神"。此时的他性情残暴,手中的三叉戟也成了令人望而生畏的破坏神器。他挥舞三叉戟搅动静谧的大海,掀起惊涛骇浪,引发海底地震和海啸,给人类带来巨大灾难。对此,波塞冬是不会反省的,他丝毫不在意这样的后果。

尽管波塞冬的无边法力会给人们带来灾难,但有时也能带来丰收和平安,因此爱琴海附近的希腊人对他无比敬畏和崇拜。

← 波塞冬雕像

# 49. 巴西海神——伊曼雅

希腊的海神波塞冬凶猛威严，而巴西的海神伊曼雅却纯洁善良，是人们心中的圣洁女神。不过，巴西人心中聪慧美丽的女神伊曼雅可不是"本土人"，而是漂洋过海而来的远方客。

传说伊曼雅最早是西非人的偶像，在西非人心中，伊曼雅女神圣洁美丽，是海洋、陆地上一切生灵和人类的母亲。那隔着千山万水，伊曼雅又是怎么到巴西的呢？这就要追溯到 16 世纪了。

16 世纪，大批的西非黑人被欧洲的殖民者拐卖或者劫持后，押上轮船，运往大洋彼岸的巴西贩卖。这些殖民者置黑人的生命安危于不顾，对待黑人像是对待牲口一样，来自西非的黑人们时时刻刻都生活在疾病与死亡的威胁之中。航程漫长痛苦，他们几乎看不到一丝生的希望。这时他们想起了故乡的女神伊曼雅，那是他们生命中唯一的亮光，于是他们不断地向她祈祷，祈求平安和顺的未来。

在航行中，有大批黑人死去了，也有许多黑人到达了美洲大陆。这些幸存者便认为是善良的伊曼雅女神保佑了他们。因此，每年的 2 月 2 日他们都要举行盛大的宗教仪式来祭祀海神。这个节日流传至今，便成了巴西的海神节，也叫作伊曼雅节。

⬆ 巴西海神节中的伊曼雅

# 50. 北欧深海之神——埃吉尔

↑ 埃吉尔的雕像

濒临北冰洋的北欧地区，神秘优美，孕育了令世人惊叹的北欧神话，我们熟知的安徒生童话便出自那里。当然那里也有关于深海的神话，而神话中的深海之神名叫埃吉尔，是一个白发飘须的老者，不过他并没有老者应有的温厚。

埃吉尔有一双瘦长的手，辖领着海中的波涛，有着强大的威力。可埃吉尔跟其他神族不同，他不受人们的爱戴，人们也并不欢迎他。因为他太贪婪了，当他出现在海面上时，便会去追逐海船，并将它们拉到海底的宫殿里，将财物据为己有。因此，埃吉尔的住处充满了各种各样的金银珠宝。当然埃吉尔也非常奢侈，照明都用黄金呢，所以黄金也有"埃吉尔之火"的称谓。

埃吉尔的妻子澜也和他一样，贪婪而残忍。她非常喜欢在危险的礁石旁撒网，捕取来往的船只和死者。因此，她又被视为死神一般的存在。而大家都知道她是很贪财的，所以溺海者也必带些金子在身上，说是可以献给她，以便受到优待。

这两个海神给人们带来的不是安宁和幸福，而是滔天的灾难，也就难怪不得人心啦。临海为生的北欧人，非常期待平安宁静的生活，因此他们都非常畏惧这两个海神，希望离他们远远的。

# 第五部分

# 海洋科技人物

　　深邃迷人的海洋,引得无数先驱竞相去探索它神秘面纱下的秘密,他们的勇敢与执着,让海洋模糊的面貌,慢慢清晰起来。让我们跟着他们的脚步,一起去见识那神奇美丽的深海生物,去找寻神秘的生命起源秘密,去探寻了解无尽的资源宝藏……

# 51. 中国的"克隆技术之父"——童第周

说起童第周,你一定不陌生,也一定会想起他那"一定要争气"的不服输精神。但大家可能不知道,他还是我国首位成功克隆鱼的科学家。

童第周1902年出生于浙江鄞县童村的一个农民家庭。因为家里穷,童第周在17岁之前竟没有机会进学校读书。由于基础差,后来进入中学,童第周的成绩很靠后。可是,他靠着"不蒸馒头,争口气"的精神一步步地赶了上去,最后以第一名的优异成绩从中学毕业,顺利考入了上海复旦大学。

↑ 童第周

毕业后的童第周先是在当时的中央大学任助教,后又前往比利时留学。在地球的另一端,他开始了胚胎学的研究工作。在那里,他不服输的精神得到了导师的赏识。在那里,他还完成了海鞘早期发育的研究。

1948年,童第周应邀到耶鲁大学任客座研究员。新中国成立前夕,他放弃了美国优越的研究和生活条件,克服种种阻力,义无反顾地回到了祖国的怀抱。

1950年,经童第周提议,中国科学院在青岛设立了海洋生物研究室。童第周以文昌鱼、海鞘等鱼类为材料,进行了一系列的胚胎学研究的相关实验,开启了我国"克隆"技术之路。经过反复实验,1973年,童第周和他的同事终于把鲫鱼卵细胞中的遗传因子注射到了金鱼的受精卵中,成功培育出第一条克隆鱼。这条鱼有着金色的鳞片,长着鲫鱼那样的单尾巴,很是好看。

童第周后来担任过中国科学院副院长、动物研究所所长,1978年获得全国科学技术先进工作者称号,被称为中国"克隆技术之父"。

# 52. 中国海藻学研究的奠基人——曾呈奎

大家一定很爱吃健康美味的紫菜和海带吧，尤其是紫菜汤，简直是人们饭桌上必备的美味。可是大家知道是谁为人们饭桌上增添了这两种好吃又不贵的海产品吗？要回答这个问题，就一定要提到被誉为"中国海带之父"的曾呈奎先生。正是他的科研成果不仅让我国成为世界上生产海带最多的国家，也让海带和紫菜来到了寻常百姓的餐桌上。

↑ 曾呈奎

曾呈奎 1909 年出生于福建省的一个华侨家庭。他少年时便立志农业、科技救国，并为此取"泽农"为号。可以说，"海洋农业"的理想伴随了他一生。

曾呈奎大学时期就对海藻产生了浓厚的兴趣，毕业后在岭南大学任教时，他又对其进行了十年的研究。1942 年，在美国取得博士学位的曾呈奎，由于海藻学的研究成果已颇有名气，美国方面也力邀他留下来为美国服务。但曾呈奎一心记挂着祖国，他说："我的事业在中国，正因为她落后才更需要我们来建设。"

1946 年，曾呈奎回到了祖国，出任国立山东大学教授。回国后的曾呈奎先是与童第周办起了山东大学海洋研究所，新中国成立后又与童第周、张玺教授一起组建了新中国第一个海洋研究机构——中国科学院水生生物研究所青岛海洋生物研究室(中科院海洋研究所前身)，并组织开展了海洋藻类的研究活动。在曾呈奎教授的海藻研究中，与我们息息相关的跨时代研究成果还是对紫菜与海带的研究。

20 世纪 50 年代以前，紫菜是很难人工养殖的，因为它的孢子来源一直是个谜；若想养殖紫菜，只能凭运气，靠大自然的恩赐，其产量也少得可怜。曾呈奎教授和他的助手们从1950年开始了孢种的研究，成功找到了紫菜的"种子"来源——紫菜"壳孢子"。"种子"找到了，人工培育紫菜便进入了一个新纪元，中国的紫菜培育业立刻腾飞起来，中国也成为世界第三大紫菜生产国。

海带营养丰富、味道鲜美，还能防治甲状腺肿（俗称大脖子病），但它在20世纪20年代刚从日本北海道传入中国时，产量却并不高，因为海带对温度很挑剔，只喜欢低温的环境。曾呈奎教授创造了海带夏苗培育法、陶罐施肥法、海带南移栽培法等来提高海带产量，这三大技术使中国成为世界上生产海带最多的国家。对此，国外藻类学家先是不敢相信，继而啧啧称奇，由衷赞叹"中国栽培海带的神话是真的"。

让我们记住我国海藻学的奠基人——曾呈奎先生，记住他对我国海洋事业所作出的杰出贡献。

# 53. 中国海洋药物学的奠基人——管华诗

管华诗 1939 年出生于一个普通的农民家庭。提到当时并不宽裕的家境，他认为这对人的成长有利，田间劳作促使他形成了吃苦耐劳、朴实真诚的性格。1964 年，管华诗从山东海洋学院（中国海洋大学前身）水产品加工专业毕业后留校，几年后他参加了"海藻提碘新工艺的工程化"研究工作，研制成农业乳化剂、食品添加剂等相关制品。

↑ 管华诗

一次实验让他产生新的灵感。1979 年的一天，管华诗在实验室里为了降低硫酸钡制剂的黏稠度伤透脑筋，已经试了很多办法都不行，怎么办？ 他随手加了点从海藻中提取的分散剂，黏结现象瞬间消失。

这个偶然的现象触动了他的神经：能解决硫酸钡的黏结，是否也能解决心脑血管病中血液黏稠的问题？ 能否把这种来自海洋的生物活性制品制成防治心脑血管疾病的新药？ 研制海洋药物！ 一个大胆的设想在管华诗头脑中生成。

对于医药学，管华诗当时还算个门外汉，怎么把设想转化成实际成果？ 他首先做的就是咨询医学专家，他频繁往来于青医附院、海军 401 医院等权威医院，成了许多老专家、老教授的熟客。

20 世纪 70 年代末，国内海洋药物的研究一片空白，但管华诗毫不退缩。缺仪器、缺设备，就想方设法解决；有些问题国内无法解决，就与国外合作；需要多学科、多部门协作，就积极向同行寻求支持、联合攻关。

终于，他成功了！ 只用了 3 年多，管华诗和他的课题组就成功研制出

↑ 管华诗热心参与学校的建设

海洋新药 PSS，并进入临床应用。这开辟了一个新的海洋学科研究领域。PSS 抗心血管病新药经过多年的用药实践，现已成为全国乃至世界许多国家药店和医院的常备药和非处方药，造福了千千万万的患者。

靠着坚忍不拔的毅力和对事业的执着追求，他带领课题组又先后完成了甘糖酯和海力特等新药的研制，开发了东海三豪、海利心藻维微胶囊等保健食品……1992 年，管华诗获山东省科技重奖。1995 年 5 月，他当选为中国工程院院士。2005 年，他又获得山东省科技最高奖。

2014 年，管华诗组建的青岛海洋生物医药研究院正式成立，目的是探索科研成果转化的新路径，在青岛创新创业的大军中，又多了一个熟悉可敬的身影。正德惟和，海济苍生。毕生致力于海洋生物医药研究的管华诗有着大海般的胸怀，"海洋生物医药科技领域有着一个世纪的积累，我们希望能将成果变成实用的技术和产品，推向市场，以助人们的身心健康。这也是我们研究院'海济苍生'的核心理念所在，研究院有信心完成这一历史使命，造福人类。"这位老院士满怀深情地说。

## 54. 中国深海研究的开拓者——汪品先

在中国，有这样一位科学家，他怀着对奇妙宇宙探索的渴望，在深海处追寻科学之美，开拓了中国的古海洋学——他就是汪品先。

汪品先出生在战乱年代。新中国成立后，他赴莫斯科国立大学学习，主攻地质学。

改革开放后，他才开始了他的深海研究。科研工作开始之初，条件极其简陋，他和工作伙伴住的宿舍过去是肝炎病人的病房，而实验室则是没有暖气的废弃车间，就连用来研究微体化石的显微镜都是对不上焦的。就在这样艰苦的条件下，汪品先和他的同事仍然于1980年完成了《中国海洋微体古生物》一书的编写工作，引起了国际学术界的重视，而法国一本学术期刊在对该文集的评论开头这样写道："中国觉醒了。"

20世纪90年代，中国对深海的兴趣与日俱增，汪品先也更加如鱼得水，有了更好的研究环境。90年代末，年过花甲的汪品先作为两名首席科学家之一，成功主持了在南海进行的首次国际大洋钻探计划中的深海科学钻探（南海ODP184航次），他还被欧洲地学联盟授予米兰科维奇奖章。

近年来，汪老计划在东海建立近海海底的观察实验站，等条件成熟后再一步步推向深海，争取不远的将来，中国能够真正成为走向深海大洋的国家，在新世纪的国际海洋科技竞争中一显身手。中国走向深海大洋的前程，在汪品先教授的眼中，曙光无限。

🔻 汪品先工作的大洋钻探船　　　　　　　　　　🔻 汪品先

# 55. 中国海洋地质学的开拓者——刘光鼎

↑ 刘光鼎

刘光鼎是我国著名的海洋地质与地球物理学家，祖籍山东蓬莱，出身于书香世家，但日本侵华战争的爆发使他的家庭陷入困境。

1941年，12岁的刘光鼎被迫离开家乡，流浪到北京投靠表伯，但当时他表伯也是家徒四壁。刘光鼎非常争气，凭借才华与努力，在中学时期成绩名列前茅，屡获奖学金，不仅顺利完成中学学业，还以优异成绩考入了北京大学。

1958年，中国组建了第一个海洋物探队，刘光鼎出任队长。此后，他长期致力于地球物理与海洋地质、石油地质研究，而这些在外行人看来枯燥高深的知识，由他总结起来则格外生动有趣。他说我国大地构造宏观格架为"三横、两竖、两个三角"，是不是你的头脑中立刻就浮现出它清晰的影像呢？"跷跷板"我们从小就喜欢玩，而刘光鼎则用它来解释中国大陆宏观构造的演化模式，让高深的理论变得十分简单易懂。刘光鼎还提出了中国油气的二次创业，这在面临资源枯竭危险的当下具有十分重大的现实意义。

刘光鼎还是个太极高手。他在书法和诗词上也有很高的造诣。所谓艺多不压身，刘光鼎老先生正是如此！

↑ 刘光鼎《渔樵之歌》

# 56. 一代宗师——赫崇本

赫崇本先生是我国著名的物理海洋学家，为我国物理海洋学科的研究和教育作出了重大贡献。

赫崇本出生在辽宁省一个满族家庭里。小时候因为家里穷，他的求学之路异常艰辛。好在他的姑姑很慷慨，资助他读完了中学。他也非常珍惜这来之不易的求学机会，发愤苦读，最终考入了清华大学物理系。那时候的中国还很落后，许多事业都还处于起步阶段，但就像建一座漂亮的房子不能缺少木材一样，国家的各项事业也不能缺少人才。于是，毕业后的赫崇本选择留在大学教书，为国家建设输送新鲜的血液。

↑ 赫崇本

当时我国的科技水平和西方相比差距很大。赫崇本深知若对此视而不见，那么差距只能越来越大，被别的国家一直远远地甩在后面。于是，1943 年，赫崇本去了美国。当时是抗日战争的第六年，中国仍处在日寇侵略的水深火热之中，而在赫崇本乘轮船由海路远渡重洋的一路漂泊中，他又亲眼目睹了日军在海上的横行霸道。他意识到，海防太重要了，而若无海洋研究便无海防。他在美国攻读气象学博士时，还拿到了加州理工学院的哲学博士学位，后来继续攻读物理海洋专业，打算学成后报效祖国。

一口气拿两个博士学位的难度可想而知，可是赫崇本硬是凭借自己的毅力做到了！ 1949 年，提交第二篇博士论文后，赫崇本只要按照美国的规定，等到第二年就可以拿到他的第二个博士学位了。然而，就在此时，他得知了新中国就要成立的消息。他作为一个胸怀满腔报国热情的学子，独自在异乡多年，听到这个消息后心情十分激动！但当时的美国对中国十分敌视，赫崇本明白，多在美国待一天就意味着多一分无法回国的危险。于是心怀祖国的赫崇本毅然作出放弃学位的选择，立即踏上了归国的行程。

回国以后，赫崇本被国立山东大学聘为教授。新中国成立后，百废待兴，科研场所极其简陋，条件极差，跟美国完全没法比，但赫崇本仍然启动了物理海洋学科的开创性研究工作，并突破重重障碍，开创了中国对水团等海洋科学问题研究的先河。

就像赴美之前说的一样，他始终坚信，中国要强大，必须要有人才做支撑。于是，他以培养海洋科学人才为使命，几乎将全部的精力和心血都投放到了对学生的教育上。事实上，如果没有他的积极建言，也就没有山东海洋学院(今中国海洋大学)的诞生。他重视基础教育，精心网罗全国教育人才；他也很重视教学实践，并力主建造了"东方红"号海洋调查船。

赫崇本为中国的海洋科学事业奉献了终生，国家不会忘记他！潮涨潮落，他心系的那片海，至今仍时时呼唤着他的名字！

↓"东方红"号海洋调查船

# 57.中国海浪理论研究的先驱——文圣常

伫立在海边,一波波海浪涌来,或者溅起洁白的浪花,或者掀起汹涌狂潮,你是否感受到了海浪的神秘而又巨大的力量? 海浪对于我们普通人来说可能仅仅是欣赏而已,对于科学家来说却有着更多非凡的意义。文圣常揭开了海浪的神秘面纱,将难以驾驭的海浪利用了起来。

文圣常与海浪结缘纯属偶然。1946 年,他乘海轮经太平洋赴美进修,途中几千吨的轮船竟然像纸船似的随浪颠簸,他惊讶于海浪如此巨大的力量。灵感的火花源源不断地涌入他的脑海:海

↑ 文圣常

浪既然有排山倒海的力量,为何要白白浪费掉呢? 海浪资源取之不尽,用之不竭,是非常理想的能源,如果研究得当,应是可以加以开发利用的。从那时起,他便萌生了献身海浪研究的想法。

学成归国后的文圣常一心想进行海浪研究,于是主动向青岛观象台表达了自己的愿望。经青岛观象台推荐,当时的山东大学海洋系主任赫崇本聘请文圣常教授主持海浪课的教学。有了良好的科研条件,文圣常通过海浪的研究成果,不断攀登物理海洋研究的高峰,推动着中国物理海洋学的不断前进。

20 世纪 50 年代末,文圣常提出了"普遍风浪谱"和"涌浪谱"理论。他首次将国际上盛行的有效波的能量平衡方法和海浪谱方法结合起来,开辟了海浪研究的新途径,受到了国内外的高度重视,他的研究成果也被誉为"文氏谱"。1962 年,他出版了国内第一部海浪理论专著《海浪原理》。他主持的海浪计算方法编入了国家规范;他主持的海浪数值预报模式,不仅精度有基本保证、运转稳定,且计算时间只约为国外 WAM 模式(第三代

模式)的 1/10。这一成果不仅在海洋预报部门得到应用,还应用在了远洋航行的台风防避系统及一部分海洋环境评价工作中。

　　文圣常教授更让人感动的是他对教育事业的一片赤诚。荣获 1999 年度何梁何利基金科学与技术进步奖后,文圣常一分未留,把奖金全部捐给了教育事业。其中,一半捐给了他在其中从事教学科研半个世纪之久的中国海洋大学,用来设立文苑奖学金;另一半则捐给了他的家乡河南,用以建造海洋希望教学楼。淡泊名利的文老先生坚决不同意以自己的名字命名奖学金,这样的胸襟让人敬佩。2009 年,文圣常获得了"青岛市科学技术最高奖",奖金 50 万元,他再次全部捐给了中国海洋大学。对此,他还有一个要求,请学校不要提他个人的名字,足见老科学家对国家、对教育的赤子之心!

　　如今,年逾九十的文圣常先生依然没有闲下来,仍扑在教育上,关心着学生,关心着教育,关心着海洋。

# 58. 我国著名的物理海洋学家——苏纪兰

"乡愁是一湾浅浅的海峡，我在这头，大陆在那头。"余光中的《乡愁》说出了多少旅居台湾游子的思乡之情。著名的物理海洋学家苏纪兰便是他们中的一个。

苏纪兰的求学生涯十分顺利，他在从台湾大学毕业后便去美国深造，先后获得了硕士、博士学位。然而，异国优越的生活条件和事业的成功未能磨灭他对祖国

↑ 苏纪兰

的思念和热爱。1979 年，苏纪兰终于如愿以偿，回国来到了位于浙江杭州的国家海洋局第二研究所工作。在这里，苏纪兰的研究主要集中在河口动力学及陆架动力海洋学两个方面，并主持了多项研究工作。

苏纪兰通过研究，首先提出长江冲淡水次级锋面概念及其对杭州湾悬浮质输运的重要影响，并提出潮致底质冲淤的有效模拟方法。他还作为中方首席科学家主持为期 7 年的中日黑潮合作调查研究，揭开了黑潮对我国海洋环境影响之谜。

早在回国后的第二年，苏纪兰就参加了中美长江口沉积作用过程的联合调查研究。在合作中，苏纪兰周旋于双方之间，全力协调，得到了中美双方称赞。

2009 年，苏纪兰入选新中国成立 60 周年"十大海洋人物"。

如今，已经 80 岁高龄的苏纪兰，依然在为大海奔走，一年中有六七个月在国内外开展各项专业及社会活动。在常人眼里，大海是深邃、神秘、不可征服的，而这位老者却始终爱它爱得深沉。

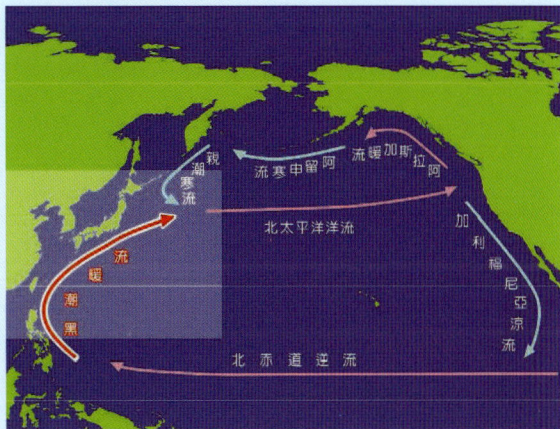
↑ 黑潮示意图

## 59. 中国海洋化学主要奠基人之一——李法西

1985 年 8 月 3 日,中国海洋化学主要奠基人之一李法西先生因夜以继日地工作而积劳成疾,病逝于厦门,这对中国海洋化学界是不可估量的损失。

李法西祖籍福建,1916 年出生于菲律宾的一个爱国华侨知识分子家庭。他从小就立志要为祖国贡献自己的一份力量。

1936 年思乡心切的李法西回到了祖国,之后又前往美国加州理工学院继续深造。新中国成立后,他几经辗转回到了祖国。1964 年李法西的首篇海洋化学论文《河口硅酸盐物理化学过程研究》刚发表就受到国际海洋化学界的重视和赞誉,同时也开启了中国河口化学领域的研究工作。另外,国家海洋局的成立也有李法西教授的贡献。

↑ 李法西

"文革"后,李法西赴美去学习海洋科学,他沿着海岸线自东向西地对美国各重要海洋科研基地进行了认真的考察学习。一回国,李法西就对中国海洋化学学科的发展方向提出了重要意见。

"文革"那些年的荒废,让李法西深感痛心,晚年的他便通过夜以继日的工作来弥补科研工作的中断。高负荷的工作使他积劳成疾,身体日见衰弱。可为了争取时间,李法西多次推迟甚至取消身体检查、休养和住院治疗,坚持工作。李法西为我国的海洋化学研究呕心沥血,赢得了人们的尊敬。

↑ 风暴潮

## 60. 中国风暴潮研究的带头人——冯士筰

　　大家听说过风暴潮吗？它是一种能带来巨大损失的海洋灾害。风暴潮发生的时候，会产生巨大的风浪和潮流，严重的时候会淹没土地和房屋，掀翻船只，造成重大损失。而中国就常常会发生风暴潮，因此研究风暴潮就成为一项重要课题。可是一直到20世纪70年代，中国对风暴潮的研究都处于空白的状态。这时候，终于有人站了出来，克服重重困难，成为风暴潮研究的带头人。他，就是冯士筰。

↑ 冯士筰

091

冯士筰 1937 年出生在天津的一个书香世家。他自小就酷爱读书，勤奋好学。中学时，冯士筰进入了英才辈出的天津耀华中学。在 1953 年由学校组织的春游中，冯士筰见到了周总理。当周总理和蔼地问起同学们上大学都想学什么专业时，冯士筰因已经有了自己志向，便说要学习国防物理。学习物理是他的兴趣所在，而在物理前面加上国防，则是因为新中国成立不久，我国在国防方面还很薄弱。冯士筰那时已经有了为国家、为科学奋斗一生的雄心壮志。

1962 年从清华毕业的冯士筰来到山东海洋学院任教。在这里，他逐步将科研目光投向了风暴潮。冯士筰开始研究风暴潮时，还没有任何可以借鉴的资料。于是，冯士筰带领着研究团队沿着渤海湾进行了两次实地考察。他们挨家挨户地向当地的盐工、农民、渔民了解风暴潮的一般情况；他们走访当地的政府，查阅当地县志，寻找有关记载；他们还反复到水利部门和验潮站搜集有关数据。经过考察，他们获得了第一批关于风暴潮灾的珍贵资料。

经过多年的研究，冯士筰撰写了世界上第一部系统地论述风暴潮机制和预报的专著《风暴潮导论》，这是我国海洋、气象、河口海岸和环境工程科技工作者的一部重要参考书。此外，他还建立了独特的超浅海风暴潮理论，为中国风暴潮数值预报的发展作出了突出贡献。这些成果，使得中国风暴潮研究进入了世界领先行列。1991 年，冯士筰当选为中国科学院院士。

冯士筰在其他领域也硕果累累。他与合作伙伴提出了一种拉格朗日余流和长期物质输运的理论模型，导出了一个全新的长期物质输运方程，得到了国内外同行的重视。他还在中国海洋大学设立了浅海动力学研究室，开辟了海洋物理学的一个新分支——浅海动力学，并创建了中国第一个环境海洋学博士点。

如今冯士筰教授依旧每天都到办公室，继续从事着他奋斗一生的海洋科学研究。对于中国风暴潮的研究，冯士筰院士是当之无愧的领军人物。

# 61. 海洋地质开拓者——秦蕴珊

秦蕴珊院士是我国著名的海洋地质学家，也是一位在海洋科研中不断开拓、不断创新的勇者。

1956年秦蕴珊刚从北京地质学院毕业时完全没想过与海洋结缘。那时候他的理想是做一名地质工程师。根据国家的需要，他被分配到了中科院海洋生物研究所，从此，便与大海结下一世情缘。

↑ 秦蕴珊

1958年我国开始了第一次大规模的全国海洋综合调查，当时年仅26岁的秦蕴珊担任了全国海洋地质课题组组长。秦蕴珊28岁那年就完成了《中国陆棚海的地形及沉积类型的初步研究》，这是我国海洋地质领域第一篇全面论述中国海区海底状况的文章，是奠基之作。此后，秦蕴珊的成果受到越来越多的关注。

"文革"结束后，沉寂十载的秦蕴珊迎来了新的春天，其科研也频结硕果：绘制了我国第一幅陆架沉积类型图；建立了中国大陆架的沉积模式；研究了冲绳海槽的火山沉积和浊流沉积，提出了两种不同沉积类型的地理分带……

近年来，秦蕴珊院士提出了向西太平洋深海研究领域进军的口号，西太平洋作为我国深海科学研究的优先战略选区，是我国实施由浅海向深海发展战略和实现海洋强国战略的必经之地。秦蕴珊院士希望通过8～10年的探索与研究实现我国深海科学研究的突破。

如今，中国的海洋地质学终于在世界科学殿堂拥有了一席之地，这正是以秦蕴珊院士为代表的科学家们奋斗的成果！

# 62. 海洋孔虫研究专家——郑守仪

↑ 年轻时候的郑守仪

说起著名的女科学家,你一定会想到居里夫人吧,但要知道中国也有许多女科学家呢,海洋孔虫专家郑守仪便是其中的佼佼者。

1931年,祖籍广东中山的郑守仪在菲律宾呱呱坠地。虽然生长在异国他乡,可是她却时刻牵挂着隔海相望的祖国。1956年,新中国百废待兴,各项事业急需人才。而此时的郑守仪正在国立菲律宾大学研究生院就读,听闻祖国需要,便毅然放弃了唾手可得的硕士学位,在一位老华侨的帮助下回到了朝思暮想的祖国,进入中国科学院海洋生物研究所工作。

归国后的郑守仪开启了我国现代有孔虫的研究。作为一个领域的开创者,其艰难程度可想而知。新中国成立初期,我国在现代有孔虫的研究上不光是一片空白,就连相关资料也极难获得。幸好郑守仪有许多亲属在海外工作和生活,在他们的帮助下,郑守仪很快就收集到了大量有孔虫的专业外文资料,她的有孔虫研究也得以顺利进行。

我国海疆万里,有孔虫自然种类繁多。要对如此之多的有孔虫进行全面系统的研究,工作量之大难以想象。不过,郑守仪却在这微观世界中乐此不疲。因为她明白,与国外已经长达一个半世纪的研究历史相比,中国有孔虫研究才刚刚起步,若想后来居上,必然争分夺秒。

功夫不负有心人,中国有孔虫研究在郑守仪和同事的努力之下,很快便达到世界先进水平。郑守仪和同事对我国渤海、黄海、东海和南海北部的浮游有孔虫做了较系统的分类与生态学研究,还花费了大量时间和精力对微小的有孔虫壳体进行磨片或解剖观察以揭示其壳内形态结构,获取更多鉴别依据。她还亲手绘制近万幅的有孔虫形态图,因此也被称为"院士画家"。她的论文《西沙群岛的现代有孔虫》与专著《东海的胶结和瓷质有孔虫》都得到了国际有孔虫领域的高度认可。

　　世界有孔虫权威，美国的勒布利奇和塔潘教授夫妇对郑守仪的《西沙群岛的现代有孔虫》评价说，"图示和描述为一流，很有参考价值"；对《东海的胶结和瓷质有孔虫》评价为"这是一部优秀著作，很可能成为可广泛应用多年的经典著作，形态图及薄切面的质量也是出类拔萃的"。他们在 1994 年出版的专著中，有 200 多处引用了郑守仪发表的种属，用郑氏命名了一个新种——郑氏假帕热拉虫。而日本著名学者在著作中也引用郑守仪著作记载的大量有孔虫属种，并以郑氏命名了一个新种——郑氏树口虫。

　　有孔虫形态美妙，变化多端，赏心悦目，可是我们普通人却很少有机会见到。为了让更多的人一睹有孔虫的真容，近年来，郑守仪将大量时间用来雕琢有孔虫的放大模型。她亲手雕琢了 200 多个形态逼真生动的有孔虫模型。于是，本来鲜为人知的有孔虫不仅能做科研用具、科普展品，还成了受人欢迎的旅游纪念品。

　　2015 年，郑守仪院士荣获 2014 年度青岛市科学技术最高奖，这也是对她有孔虫研究杰出贡献所应有的褒奖。

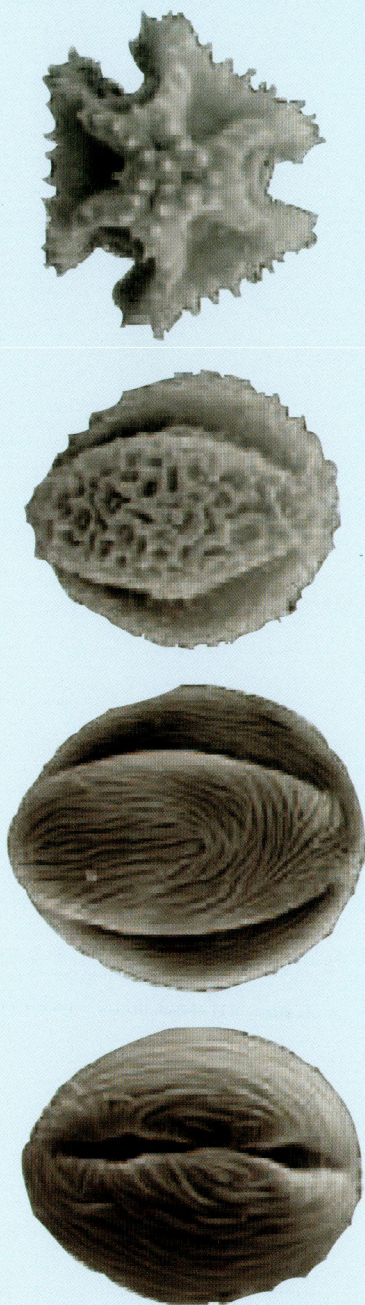

⬆ 有孔虫模型

# 63. 新中国核潜艇之父——黄旭华

↑ 黄旭华

"时代到处是惊涛骇浪，你埋下头，甘心做沉默的砥柱；一穷二白的年代，你挺起胸，成为国家最大的财富。你的人生，正如深海中的潜艇，无声，但有无穷的力量。"这是 2014 年感动中国十大人物的颁奖典礼上的颁奖词，受奖者就是中国核潜艇之父——黄旭华。

1926 年，黄旭华出生于广东汕尾。他上学时，正值抗战时期，黄旭华的家乡也像中国其他许多地方一样，不时遭受日军飞机的猛烈轰炸。海边的少年眼看着这一切，便暗暗立志：将来，要么学航空，要么学造船，再也不能让祖国受人欺负了。

高中毕业后，优秀的黄旭华被当时的中央大学航空系和上海交通大学造船系同时录取了。从小在海边长大的黄旭华因为热爱大海，最终选择了造船。

20 世纪 50 年代，占据垄断地位的超级大国频频给我们国家制造核威胁。于是毛泽东主席痛下决心："核潜艇，一万年也要搞出来。"一直做潜艇研究并且很年轻就入党的黄旭华便被调去研究核潜艇。这项任务需要高度保密，因此接受任务的黄旭华必须隐姓埋名，而黄旭华的家人此后30年的时间都不知道他在做什么，他的父亲直至去世也没能再见上他一面，老母亲从63岁盼到93岁才得以见到儿子。

核潜艇研制初期，黄旭华遇到了最大的难题——缺乏资料与相关人才，很多人甚至连核潜艇都没有见过。最后，他们弄来一个核潜艇玩具，中国的核潜艇研究便从一个玩具模型起步了。就这样，黄旭华带领着团队，一步步摸索，最终研制出了我国第一艘核潜艇，而我国也因此成为世界上第五个拥有核潜艇的国家。

核潜艇虽然研制出来了，但是只有深深地、静静地隐蔽在海洋中，才能对敌人有强大的威慑，才能有战斗力。因此，能否经受住深潜极限测试的考验，成了检验核潜艇战斗力的关键。但是，进行深潜实验其实也是一件危险的事。为了稳定大家的情绪，黄旭华决定和大家一起下海深潜。下海时，海水巨大的压力压迫着艇体发出"咔哒"的声音，惊心动魄，但当时已经62岁的黄旭华仍然镇定自若，指挥继续下潜，直至突破此前的纪录。在此深度，核潜艇正常运转，耐压性和系统安全可靠。因此，黄旭华也成为世界上亲自参与核潜艇深潜实验的总设计师。

黄旭华的大半生光阴都用在了核潜艇的研究上，深海可为证，他的功绩，祖国和人民不会忘记！

⬇ 我国的核潜艇

## 64. 蓝色国土耕耘者——唐启升

晕船的人会成为海洋科学家？这听上去不可思议，可是真就有一位晕船的科学家在中国的海洋事业上拼搏了将近半个世纪，他就是唐启升。

20世纪80年代唐启升将大海洋生态系研究引入了中国，并创造性地发展了大海洋生态系概念，建立了黄、渤海大海洋生态系研究模式，使我国成为较早介入大海洋生态系研究的国家之一。这从理论上确立了我国大海洋生态系的研究方向，推动了大海洋生态系研究在我国的发展。英雄惜英雄，他还和另一位物理海洋学家苏纪兰合作，编写了长达50万字的《海洋生态系统动力学》。

↑ 唐启升

唐启升饱受晕船之苦，却半辈子颠簸在海上，这是因为他那永恒不变的"耕海情结"。将研究成果付诸实践，才是唐启升的期望。

1993年，唐启升率"北斗"号调查船赴白令海、鄂霍次克海等水域调查。由于伏案书写会晕船、呕吐，他便采取仰着头的方式写报告。70天的海上颠簸，使唐启升获取了狭鳕仔幼鱼在白令海公海/海盆区分布的最权威资料，而这一项成果不仅得到了国际权威的承认，更为中国在国际捕鱼谈判中赢得了主动，促进了我国远洋渔业的形成。

1995年，唐启升主持完成"海湾系统养殖容量与规模化养殖技术"专项课题，提出7项海水养殖多元生态优化和规模化健康养殖实用技术，并且首次证明了中国贝藻养殖对海洋碳循环和减排大气二氧化碳的作用。这个项目的成果同样应用在了实践上，在山东桑沟湾和莱州湾进行示范时非常明显地推动了当地产业结构升级。

⬆ 唐启升院士作报告

　　1996 至 2005 年，唐启升组织实施了"海洋生物资源补充调查及资源评价"项目，这是首次对我国专属经济区和大陆架生物资源及其栖息环境进行同步调查评估。该项目历时 714 天，行程很远，这对晕船的唐启升来说无疑是一种折磨。但他仍然克服困难，带领着团队，建立了海量数据库，完成了系统的科研成果著述。这为我国与韩国、日本、越南等国海洋划界和渔业谈判，以及"禁渔期""禁捕区"等相关海洋保护措施提供了更加确切的科学依据。

　　唐启升曾说："海洋是养活中国人的另一片疆土，我关心海洋，就是关心资源问题，关心大海会产出多少东西，给老百姓提供多少食物，而我要做的是保持它不间断、可持续地提供下去。"如今，年过七十的唐院士仍然践行着这个蓝色的梦想，在蓝色国土上探索着、耕耘着。

# 65."多宝鱼之父"——雷霁霖

说起大菱鲆,你可能会一头雾水,但它的另一个名字——多宝鱼,你一定不陌生吧。其实多宝鱼并不是我国土生土长的鱼类,而是从英国引进的。而真正将多宝鱼带上我国人民的餐桌的,正是"多宝鱼之父"雷霁霖。

1935年,雷霁霖出生在福建宁化县的一个畲族家庭中。19岁那年,争气的雷霁霖考入了位于青岛的山东大学(现为中国海洋大学)生物系动物专业。在童弟周、方宗熙等著名学者的悉心指导下,雷霁霖对对胚胎学产生了浓厚的兴趣。工作之后,雷霁霖便投身到了鱼类养殖的研究之中,一干就是一辈子。

↑雷霁霖

1992年,我国从英国引进了200尾多宝鱼鱼苗,想将其培育成为北方工厂化养殖的主要对象。但是当时多宝鱼养育技术是英国的专利,购买这个专利的价格对当时的中国来说是个天文数字。于是,雷霁霖毅然决定依靠自身实力攻克难关。

但是雷霁霖的研究过程并不顺利:他查遍了当时所有有关多宝鱼的文章,想解决多宝鱼的产卵难题,却一无所获;他第一次培养多宝鱼,到了三四天,所有的鱼几乎都下沉死了……面对一次又一次的失败,雷霁霖却从未放弃。他夜以继日地去观察、去思考,常常在显微镜前一待就是一天。最终,七年磨一剑,雷霁霖从多宝鱼的鳔器官中找到多宝鱼养殖的关键所在。经过反复实验,他不仅养活了多宝鱼,而且多宝鱼的育苗水平达到了国际先进水平。

后来,他将来之不易的多宝鱼研究成果无私公开,并且帮助企业去扩大生产。很多人不理解,但雷老认为养鱼的工业化才是他要追求的,要把要把鱼类养殖尽快转变成为生产力。这足见其高风亮节。

雷霁霖以亲身实践丰富了鱼类养殖学理论,引导了海水鱼类养殖向工业化方向发展,是我国海水鱼类增养殖学科带头人、工厂化育苗和养殖产业化的主要奠基人。2005 年,雷霁霖当选为中国工程院院士。

# 66. 以"达尔文的斗牛犬"著称的海洋科学家
## ——赫胥黎

大家都知道达尔文和他著名的进化论,但是你知道吗,在达尔文的这一学说刚刚问世时还遭到了很多的攻击和谩骂?在那个时代,承认自己的祖先是猿类,被很多人认为是有损人类尊严的事情。因此,当时能坚定地支持达尔文需要莫大的勇气。

↑ 赫胥黎

但就有这样一位科学家,他从一开始就不遗余力地捍卫达尔文的学说,他就是有"达尔文的斗牛犬"之称的赫胥黎。

他本身也是一位著名的生物学家。

赫胥黎17岁得到奖学金后,开始接受正规的医学教育。20岁时赫胥黎就通过了医学士考试,同年,他还发表了自己的第一篇科学论文,其中描述了毛发内鞘中无人发现的一层构造,此后该层构造便被称为"赫胥黎层"。

后来,赫胥黎的兴趣又转向了海洋无脊椎动物,赫胥黎将 *Medusae*、*Hydroid* 及 *Sertularian polyps* 合并为一纲,并将其命名为水螅纲(*Hydrozoa*)。他发现此纲生物的共同点是具有由双层膜所包围形成的中央空腔或消化道。这就是现在所称刺胞动物门(*Cnidaria*)的特征。赫胥黎的成就得到了广泛的肯定,25岁就当选皇家学会院士。

赫胥黎对中国的影响也十分巨大。早在1898年,我国著名学者严复便将他的著作《进化论与伦理学》中的一部分翻译成中文,出版了《天演论》,而我们熟悉的"物竞天择,适者生存"及"优胜劣汰"等名言,便出自他的著作。

# 67. 大陆漂移学说的创立者——魏格纳

你身边有世界地图吗？打开一张世界地图,仔细瞧瞧每块大陆的形状,分析它们的轮廓,你发现了什么？是不是很像拼图？那这是巧合吗？

德国气象学家魏格纳告诉你,这不是巧合。1910年的一天,年轻的魏格纳生病了,就在百无聊赖中,魏格纳的视线落在了墙壁上挂着的世界地图上。这无意中的一瞥,让魏格纳发现大西洋两岸的轮廓竟是如此相吻合。难道这是巧合？此时的魏格纳也有着像我们一样的疑惑。经过一番思考,魏格纳

↑ 魏格纳

认为这并不是巧合,很可能大陆过去是连在一起的,后来逐步分裂成小一点的陆地,四散漂移,有的陆地又重新拼合,才形成了今天的海陆格局。随之,魏格纳提出了"大陆漂移学说"。

但科学要求的是严谨,只有构想是远远不够的。事实上,从构想出现的那一刻起,魏格纳便不断寻求证据来支持自己的学说。

魏格纳首先追踪了大西洋两岸的山系和地层,而结果令人振奋:不管是两岸山的褶皱,还是地层岩石的构造都相互吻合。后来魏格纳又研究了大西洋两岸的化石,发现一些只能在淡水中生存的远古生物化石种类,它们在大西洋两侧的分布惊人地相似,但是这些物种是绝对不可能游过由咸水组成的大西洋的。更有趣的是,他还发现有一种园庭蜗牛,既存在于德国和英国等地,也分布于大西洋对岸的北美洲。在早先既没有远洋轮船,也没有飞艇飞机的情况下,蜗牛怎么可能横跨大西洋呢？

有了充分证据的支持,魏格纳的代表作《海陆的起源》于1915年问世了。然而,正如所有的新生事物一样,魏格纳受到的质疑远远大于支持,

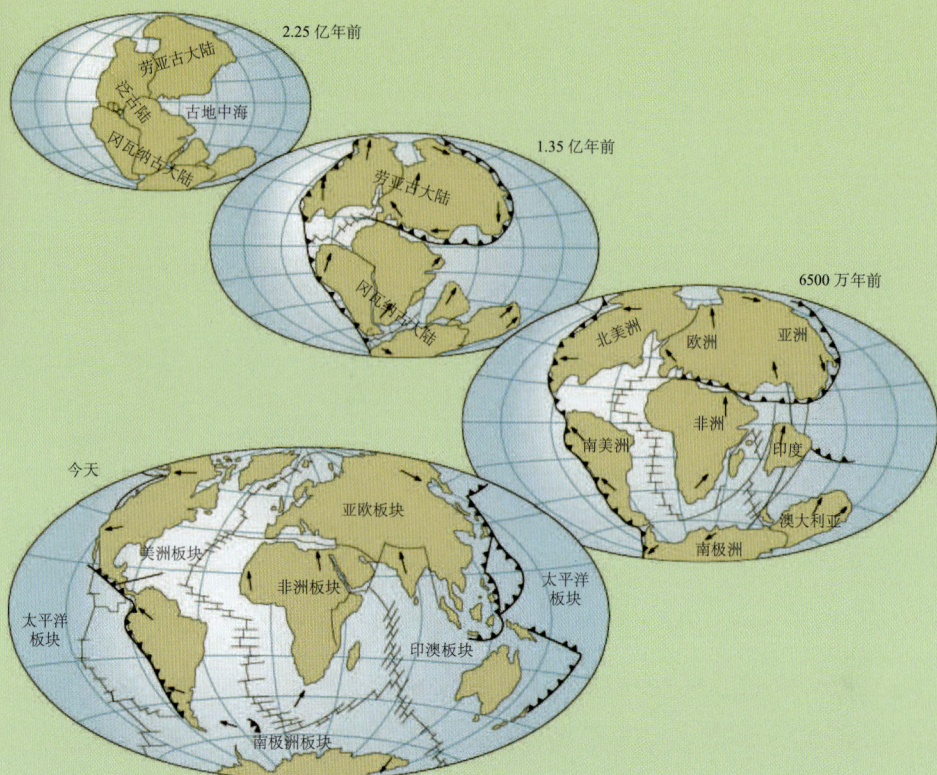

2.25 亿年前

劳亚古大陆

泛古陆

古地中海

冈瓦纳古大陆

1.35 亿年前

劳亚古大陆

冈瓦纳古大陆

6500 万年前

北美洲

欧洲

亚洲

非洲

南美洲

印度

澳大利亚

南极洲

今天

亚欧板块

美洲板块

非洲板块

太平洋板块

太平洋板块

印澳板块

南极洲板块

⬆ 大陆漂移示意图

大陆漂移学说虽然以轰动效应问世,却很快在嘲笑声中销声匿迹。因为虽然魏格纳找到的证据很多,但是如果别人找出一个反对这个科学理论的证据,比如大陆漂移的动力不足,那么这个学说只能叫作假说,而不是真正的理论。甚至有人开玩笑说,大陆漂移学说只是一个"大诗人的梦"而已。

然而,魏格纳仍在孤独地捍卫自己的学说,不断地寻找更多的证据。可就在1930年,刚刚过完了50岁生日的魏格纳,在格陵兰岛考察气象时不幸遇难,长眠于了冰天雪地之中。

他死后30年,"板块构造学说"成为通说,而它正是建立在"大陆漂移假说"的基础上的,科学界终于给了魏格纳一个迟到的承认。

# 68. 海底扩张学说提出者——赫斯

哈里·哈蒙德·赫斯是美国地质学家，他被认为是板块构造论的奠基人之一，提出了著名的海底扩张学说。

赫斯在 1923 年进入耶鲁大学的时候读的是电机工程专业，后来才改修地质学；之后，他进入著名的普林斯顿大学深造，并获得了博士学位。

很快，他就与大海结缘了。在获得博士学位的同年，他登上了美国海军潜艇协助美国海军进行第二次海床重力测量远航。"二战"期间，赫斯加入美国海军服役，担任武装运输船"约翰逊角"号货船船长。在服役期间，赫斯仔细地追踪太平洋上的航线，并持续使用回声声呐进行探测。这个临时的战时科学探测让赫斯收集到了北太平洋大量的海床资料，并发现了海底平顶山。1960 年赫斯取得了他最重要的科学成就，他提出地球的地壳自长度极长且有火山活动的洋中脊向两侧横向移动。这与其他相关内容后来被命名为"海底扩张学说"。

科学无国界，美国地质学家赫斯提出的"海底扩张学说"也告慰了德国科学家魏格纳的在天之灵，因为这一学说使得"大陆漂移假说"的科学基础更加稳固了。

↑ 赫斯

## 69. 发现"泰坦尼克"号残骸的著名海洋地质
学家——巴拉德

　　"泰坦尼克"号你一定听说过吧？这艘斥巨资打造的号称当时世界上最豪华的海洋邮轮，在它的第一次航行中便撞上了冰山而沉没，1500多个鲜活的生命葬身大海。之后它的残骸就沉睡在了深海中，像是一个谜，不见天日。直到70多年后，美国的海洋科学家罗伯特·巴拉德发现了它。

↑ "泰坦尼克"号

　　巴拉德从17岁就开始了海洋探险，最让他声名远播的还是"泰坦尼克"号残骸的发现。这对探险家来说，自然是应该欢欣鼓舞的，可是对生命的敬畏与悲悯，却让巴拉德无法高兴起来。回忆起当初发现"泰坦尼克"号残骸时的情景，"我们的第一反应是兴奋，又蹦又跳，相互拥抱、庆祝，"

巴拉德说，"但突然，我们意识到，我们不应该在别人的坟墓上跳舞。"而给巴拉德留下深刻印象的是散落在残骸周围的无数双鞋子，"妈妈的鞋，女儿的鞋，男人的鞋，船员的鞋，像一座座墓碑"。"泰坦尼克"号的发现使巴拉德名声大振，可是也给他带来了禁锢，无论巴拉德做了什么，人们只会记得他发现了"泰坦尼克"号。

其实，巴拉德最引以为豪的是在加拉帕戈斯群岛附近偶然发现了 1.8 米长的管虫。这些管虫生活在水深 2500 米处的海底暗

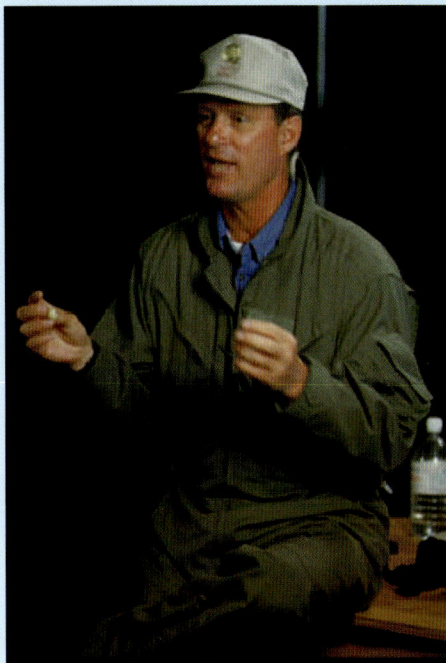

↑ 巴拉德

黑之地。我们都知道，"万物生长靠太阳"，而管虫的发现可以说"完全改写了生物和化学教材"，这也让很多人相信"海底才是地球生命的起源"。可想而知，巴拉德是多么欣喜于自己的这项发现，他自己也说，"当我们发现管虫的时候，仿佛来到了迪士尼乐园，简直不可思议"，而更重要的是"我们原本就知道'泰坦尼克'号的存在，可我们并不知道这一生命体的存在"。

此外，我们知道，木头泡在水里会腐烂，可巴拉德的另一项重要发现也颠覆了这种观念。2000 年，巴拉德和他的团队在黑海深处发现了一艘完好无损的古老木船。

深海记录着人类失落的历史，或许巴拉德的深海探险意义可以用他自己的话来形容，那就是"我们在这里寻找人类历史遗失的章节，我们以前从未阅读过的章节"。

## 70. 热衷于海洋科学研究的国王
### ——艾伯特一世

提起国王，你的脑海中是不是一下就浮现出皇冠、宝座、宫殿……但可能都跟海洋没有太大关系吧。但有这样一位国王，他把一生献给了海洋研究。这个国王就是摩纳哥国王艾伯特一世。

艾伯特一世是海洋科学研究的先驱，他对海洋研究倾注了大量心血。他与其他探险家、海洋学家一起，对包括北大西洋和地中海等在内的海区，有组织地进行了海洋物理、生物等方面的观测，还发现了许多深海海洋生物。他施放海流瓶来观测海流，并且根据

↑ 艾伯特一世

回收报告绘制了著名的《大西洋表层海流图》，确定了大西洋存在着顺时针方向的环流。他同时发现，环流的不同区段流速也不相同。

这位国王还是一位海洋观测仪器发明家，他自制了一个人可以控制、调节速度的测深机，还设计了浮在水面下不直接受风影响的带重锤的测流标。另外，他还改进了多种深海调查工具。

当然，艾伯特一世也非常慷慨，他一连出资建造了 3 艘调查船，并建成了世界上最早、最豪华的博物馆——摩纳哥海洋博物馆。

艾伯特一世为了海洋研究慷慨捐资，在邻国法国的巴黎创建了巴黎海洋研究所。

← 摩纳哥海洋博物馆

# 71. 世界深海探险史上的伟大传奇人物
## ——皮卡德

《海底两万里》中的尼摩船长在海洋深处游走的神秘旅程激发了许多探险家对海洋的兴趣,他们也试图潜到海洋深处,去探寻那神秘的海底世界。瑞士人皮卡德便是这样一个现实版的尼摩船长,他到达过当时人类能到达的海底最深处。

⬆ 皮卡德

皮卡德的父亲是一位探险家。皮卡德受父亲的言传身教,也对探险这项充满未知风险和挑战的事业有着浓厚的兴趣。不同的是,他的父亲选择了"上天",乘着热气球去触摸天空;而他却选择了"入海",驾驶潜水器去拥抱大海。

1960年,皮卡德和同伴一起驾驶着由他父亲设计的潜水器,深入到了太平洋最深的马里亚纳海沟,他们下潜的深度达到了1.1万米。想一想,世界上最高的山峰才8000多米,而他们下潜的深度还要多出2000多米呢!那是多惊人的深度呀!而他在海底也发现了一些神秘而美丽的海洋生物。正是这些海洋生物的发现直接促使国际社会决定禁止向大洋深谷丢弃核废料。他们为海洋环境保护作出了重要贡献。

⬆ 皮卡德和他的深度水下潜艇

探险归来的皮卡德还设计建造了4艘中深度水下潜艇。日内瓦湖中进行水下游览的世界第一艘旅游潜艇就是他设计的,他还常常在那儿带领游客去水下游玩呢!

# 72."阿尔文"号潜水器驾驶员中的女科学家
## ——凡多弗

凡多弗是一位生态学专家,她是"世界公认的深海热液喷口地质学研究的真正先锋",还是美国海军部任命的"阿尔文"号驾驶员中唯一的科学家和唯一的女性成员呢。

凡多弗1956年出生在美国新泽西州,从小就热爱大自然,并且梦想着有一天能乘"阿尔文"号潜入深海。

1982年,凡多弗终于获得机会,完成了自己人生第一次海洋探险旅行,这次旅行也使她更加渴望对海底和生物圈有更多

↑ 辛迪·李·凡多弗

了解。同年,她乘坐"阿尔文"号完成了自己的第一次深海调查,这次调查还让她发现了"喷口盲虾"的"眼睛"呢。

之后,她开始追逐另一个梦想——成为"阿尔文"号潜艇驾驶员。她毅然中断了科研工作,开始接受9个多月的高强度训练。1990年,她终于获得了驾驶"阿尔文"号的资格,并成为迄今为止唯一的女科学家驾驶员。

20世纪90年代中期之前,凡多弗一直在伍兹霍尔海洋研究所工作,离开研究所后她还做过访问学者和大学副教授,并于2006年成为杜克海洋实验室首位女主任。

作为一名女性,凡多弗让人敬佩,而作为一名科学家,凡多弗则更加让人敬仰。

# 73. 法国著名海洋探险家——沙尔科

沙尔科的父亲是法国知名医生，但他自己却非常喜欢海洋，并最终成为一位著名的海洋探险家和极地探险家。

1903～1905年，沙尔科率领探险队乘坐"惟弗朗西斯"号到南极洲进行海洋科学调查，绘制海岸地貌图。沙尔科的这次航行，一路平顺，沙尔科还精心绘制了涵盖约1000平方千米的海岸地貌图。回国后，社会各界纷纷援助沙尔科建造新的考察船"珀斯"号。1908年，他乘"帕斯"号考察船去南大洋考察，并在南纬70°处度过了一个冬天。1912～1914年，他又前往大西洋、比斯开湾、英吉利海进行科学考察。

↑ 沙尔科

"一战"后，在世界趋于平静的时候，沙尔科再次投入海洋考察事业。1921年，他对北大西洋中的罗卡尔岛进行了地质调查；1923年，他对地中海进行了考察；1928年，他参加了搜查队营救失踪的挪威极地探险家。而因为一直向往极地，所以他几乎每年都要去极地海域考察。

沙尔科将大半生都奉献给了海洋探险事业，甚至还因此牺牲了婚姻。令人惋惜的是，1936年，他在古稀之年前往北极海域探险时不幸遇难，葬身在了他最爱的地方。

# 74. 近代海洋地质学的创始人——默里

默里是英国海洋学家、海底研究专家，也是近代海洋科学的奠基者之一。

1841年3月3日，默里出生于加拿大安大略省的科堡，1851年移居苏格兰，后来进入爱丁堡大学学习了10年。不过，热爱科学却不重视考试的他并没有获得学位。

从1868年起，默里开始从事海洋生物学研究。1872年，他参加了汤姆孙领导的"挑战者"号环球海洋科学考察队。这次航海成就了默里以后的学界地位，对默里意义重大。

↑ 默里

在航海过程中，勤于思考的他就撰写了论文《远洋性沉积物、表面微生物与海底的关系以及脊椎动物》，后来这篇论文成为重要的历史性文献。考察结束后，默里又完成了50卷的《英国船"挑战者"航行科学成果报告》的出版工作，这是海洋科学发展史上具有划时代意义的巨著，而他也被认为是近代海洋地质学的重要创始人。

此外，默里还撰写了《珊瑚礁和珊瑚岛的结构与成因》一书，弥补了达尔文进化论学说的不足。1880年后，默里多次出海考察，建立了英国的第一个海洋实验室，为海洋科学的发展发挥了重要作用。

由于他在海洋学方面的突出贡献，默里当选为彼得堡科学院通讯院士，后被封为爵士，英国皇家学会还授予他名誉学位和金质奖章。

# 75. 风力分级的创立者——蒲福

弗朗西斯·蒲福是英国的一位水道测量师，他不仅因创立"蒲福风级"而闻名于世，在海图绘制方面也作出了巨大贡献。

蒲福的父亲是一位地形学家，曾经在1792年制作并发表了第一张完整、精确的爱尔兰地图，而他的母亲则精通多国语言。蒲福在威尔士和爱尔兰成长到14岁，之后便离开学校投入到海洋学研究中。

↑ 蒲福

1805年，蒲福被任命为"伍尔维奇"号指挥官，并奉命在南美洲的拉普拉塔河口进行水文测量。这时候，蒲福在船上研究创立了风力等级和天气符号代码的最初版本，并将其应用于航海日志中。这种风力分级的最初版本共有13个风力强度等级，从0级到12级，可以帮助海员通过视觉观测来确定风力。这种方法影响深远，直到今天仍被人们用来评价海上的风力及波高。

1811～1812年，蒲福晋升为舰长后不久，就率队调查了土耳其南安纳托利亚地区，并绘制了地图。后来，55岁的蒲福被任命为英国海军水文局局长，这一干就是25年。他在任职期间还绘制了一些至今仍在沿用的图表。

1846年，蒲福以少将军衔从英国皇家海军退役了。为表彰他的贡献，1848年，蒲福被封为巴斯勋爵士，后人称他为弗朗西斯·蒲福公爵。

↑ 蒲福故居

## 76. 绘制首张细致的全球洋底三维地图的 女科学家——萨普

↑ 萨普在讲述自己的地图

↑ 萨普

　　一头红色的头发，着一身剪裁得体的斜纹软呢服，萨普出众的外貌和特有的自信很容易让人们联想到国际电影巨星凯瑟琳·赫本。然而，这位吸引人眼球的女性却是一名绘制出首张细致的全球洋底三维地图的女科学家。

　　1920年7月30日，萨普在美国密歇根出生，是个有着英国血统的女孩，她的父亲是美国农业部的土地测量员兼地图绘制师。大学期间，萨普起先修习英语和音乐课程，后进入密歇根大学地质系学习，并获得地质学博士学位，数年后又在纽约获得数学学位。参加工作后，萨普似乎并不顺利。经过几番周折她来到哥伦比亚大学，被地球物理学家威廉·莫瑞斯·尤因雇用为研究助理，从此踏上了她海底地图绘制的研究之路。

　　传统的海底地图一般都是等深线地图，然而受20世纪50年代"冷战"军事形势的影响，萨普及其研究室的成员开始着手研究绘制地形学地图。在紧张艰苦的研究中，萨普聚精会神地用直觉去感知海洋深处的意境，并尝试把数据和轮廓想象成三维空间，努力在地图中显示出被隐藏在几百几千米深海底的真实景象。随着研究的深入，萨普发现了大西洋海水之下延伸着的大西洋中脊——海底大山脉。在当时，这是一个惊天动地的发现，与后来名声大噪的"大陆漂移假说"不谋而合。1956年，在克服了一些质疑和反对之后，萨普对外公布了这一发现，成为板块构造学说的一个重要组成部分。

萨普与其他研究员合作共同绘制了迄今在绘图历史上被公认为最漂亮的一幅全球洋底三维地图——世界海床地貌图，并于1977年发表。萨普一直在拉蒙特-多尔蒂地质研究所工作，直到1983年退休。1997年，美国国会图书馆称誉萨普是为绘制三维洋底地图作出突出贡献的四人之一。1999年，美国伍兹霍尔海洋研究所女性部授予萨普"女性海洋学先锋"的称号。

与萨普绘制的地图相比，今天的海底地图更加详细和准确，但她的地图提供了那个时代最好的海底地质学信息。萨普为科学事业牺牲了婚姻，直到2006年8月23日离开人世，这位作出过突出贡献的科学家一直独居。

三维海底地图 ➡

ATLANTIC OCEAN FLOOR

# 77. 海底火山研究的探索者——德莱尼

↑ 德莱尼

德莱尼出生于 1941 年 12 月 8 日。少年时期的德莱尼更喜欢运动而不是科学。高中时，由于在棒球方面的突出表现，他获得了利哈伊大学的奖学金。也是在那里，他深深地喜欢上了地质学，并于 1964 年获得了地质学的学士学位。之后，他又分别在弗吉尼亚大学和亚利桑那大学攻读了硕士和博士学位。

在读博士研究生期间，他曾到厄瓜多尔附近的加拉帕戈斯群岛进行调查研究，并在那里的活火山附近生活和工作了 6 个月。这段经历使他的研究兴趣发生了重大改变，他决定将火山研究作为自己的主攻方向。1977 年，他获得博士学位，并以海洋地质学家的身份进入位于美国西雅图的华盛顿大学，开始了他的职业生涯。

三年后，德莱尼乘"阿尔文"号潜水器潜入大西洋中脊。这次经历改变了他的人生，更坚定了他亲自调查海底火山的决心。在对这次旅行获得的海底岩石进行研究后，德莱尼发现这些矿物标本与他早前在陆地上发现的一些矿物标本非常相似。这期间他还乘"阿尔文"号对海底火山进行了多次勘测。

虽然德莱尼并不是生物学家，但是他对海底热液口生物群也十分感兴趣。1991 年，"阿尔文"号潜水器上的科学家在东太平洋海垄中发现了刚刚喷出的枕状熔岩，里面还夹杂着烧焦的管虫和其他海底热液口动物尸体。之后，又有科学家利用声呐监听系统记录下了一系列沿胡安·德富卡海脊的地震过程，并发现在海底火山裂缝中新生的枕状熔岩堆周围布满了

　　亮黄色的微生物。听说上述消息后，德莱尼和同事亲自乘"阿尔文"号潜
水器潜入这些地方调查，并把捕获到的标本带回海面进行研究，最终证明
这种海底热液口微生物根本不是细菌，而属于更老的生物纲，即所谓的古
菌。德莱尼和许多科学家都相信，地球上的第一个生命体很可能是像深海
古菌这样的生物。

　　除此之外，德莱尼还发现了世界上已知最大的"黑烟囱"，并依靠现代
技术绘制了迄今为止最详细的海底地图。现在，他还在进行着东北太平洋
时间序列水下网络实验的工程，这个工程可以对一个大的区域进行长时间
不间断的观测。借助这个实验系统，人们可以通过网络聆听到"地球的心
跳声"。

　　德莱尼因他的火山研究而获得了很多荣誉。1991 年，华盛顿大学为
他颁发了杰出研究奖。四年后，他加入美国地球物理联盟。

## 78. 鲨鱼女士——克拉克

↑ 克拉克与鲨鱼

鲨鱼是海洋里非常凶猛的动物,可是被称为"鲨鱼女士"的欧也妮·克拉克一生捕获和研究的鲨鱼有 2000 多种。

克拉克出生在美国纽约,她的妈妈是游泳教练。她两岁的时候,她父亲去世了,她和母亲及外祖母搬到了纽约的皇后区生活。在那里,她经常去长岛的海里游泳。

或许是在海边生活的经历影响,小克拉克非常喜欢鱼类。她不满足到水族馆中看鱼,而是自己动手养鱼,她还成为皇后区水养协会的最小成员。克拉克养过蛇、蟾蜍、鳄鱼,这些经历让她迷上了生物。后来,当她读到了博物学家威廉·毕比乘潜水球进行海洋探险的事迹时,被神秘而迷人的海洋生物打动了,决心要成为像毕比那样的海洋探险家。

进入大学的克拉克开始主修动物学,之后进入纽约大学研究所重点研究鱼类。硕士研究生毕业后,克拉克继续攻读博士学位,主要研究鱼类繁殖。后来,克拉克成为美国第一位成功进行鱼类人工授精的专家。

克拉克在攻读博士学位的时候,导师卡尔·胡伯教会了她戴着面具潜水和头戴钢盔在海底行走。就在 1949 年克拉克攻读博士学位期间,她还接受了一份研究南太平洋地区鱼类的工作。为了这项工作,她走遍了密克罗西尼亚诸岛、关岛、夸贾林环礁和帕劳岛,搜集了数百种鱼类和数种河豚,并将河豚运回研究所进行毒性研究。博士研究生毕业后,克拉克又获得了富布莱特奖学金在中东对红海的鱼类进行研究。她以埃及的海洋生物研究站为据点,到处游历,搜集了 300 多种生物标本,发现了 3 个新物种。根据自己的这段经历,克拉克写下了她的首部自传体小说《带矛的女士》。或许很多人都向往神奇的海洋,这本书迅速成为畅销书。在克拉克的读者中，有一位富有的佛罗里达人，这个人的儿子非常喜爱海洋生物，他们一家为克拉克建立了雾角海洋实验室，并请克拉克担任负责人。在这里，克拉克开始了她的鲨鱼研究。她不光能够识别 18 种近海鲨鱼，还对这些鲨鱼进行了数百次的解剖分析。在她担任雾角海洋实验室负责人的 12 年里，克拉克逐渐成为鲨鱼研究专家；也就是这时，她获得了"鲨鱼女士"的称号。1969 年，她出版了个人第二本自传《女士与鲨鱼》。

作为海洋的热爱者，克拉克对海水污染同样十分忧心，从 1979 年开始她积极地投身到保护红海的活动中。而热爱冒险的人是不会老的。1987 年 65 岁的克拉克再次开始了深潜考察，而 2004 年已经 82 岁的克拉克还在南太平洋进行了一次科学探险，真是老当益壮啊！

克拉克将生命中的 70 年都献给了科学研究工作，这才叫作爱得深沉吧。"鲨鱼女士"，名副其实。

人鲨共舞

## 79. 美国伍兹霍尔海洋研究所第一任所长
### ——比奇洛

伍兹霍尔海洋研究所是世界著名的海洋研究机构，也是热爱海洋的学生所向往的圣地，它的第一任所长便是比奇洛。比奇洛出生在美国波士顿的一个贵族家庭，自小便深爱大自然和体育运动。

长大后他进入了哈佛大学开始研究鸟类，并取得了不俗的成绩。毕业那年，比奇洛偶然参加了一次海洋探险。这次探险激发了他对海洋无脊椎动物的兴趣，此后他便与海洋结了缘。之后，比奇洛又拿下了博士学位，从事与水母相关的工作，而他先后发表的关于水母的研究论文也确立了他作为海洋生物学家的地位。

↓ 风景秀丽的伍兹霍尔海洋研究所

在与英国海底研究专家约翰·默里会面之后,比奇洛决定将未知的缅因海湾作为自己的研究目标。1912 年,在相关机构的支持下,他开始了长达 12 年的缅因海湾研究。经过此番研究,他完成了三部著作,成为研究鱼类和腔肠类动物的专家。

1930 年,根据比奇洛的建议,伍兹霍尔海洋研究所正式成立。而比奇洛也顺理成章地成为第一任所长。在他的劝说下,洛克菲勒基金会还为研究所捐献了 250 万美元。

当然,伍兹霍尔海洋研究所也没忘记他,"亨利·布莱恩特·比奇洛奖"便是用来纪念比奇洛的。

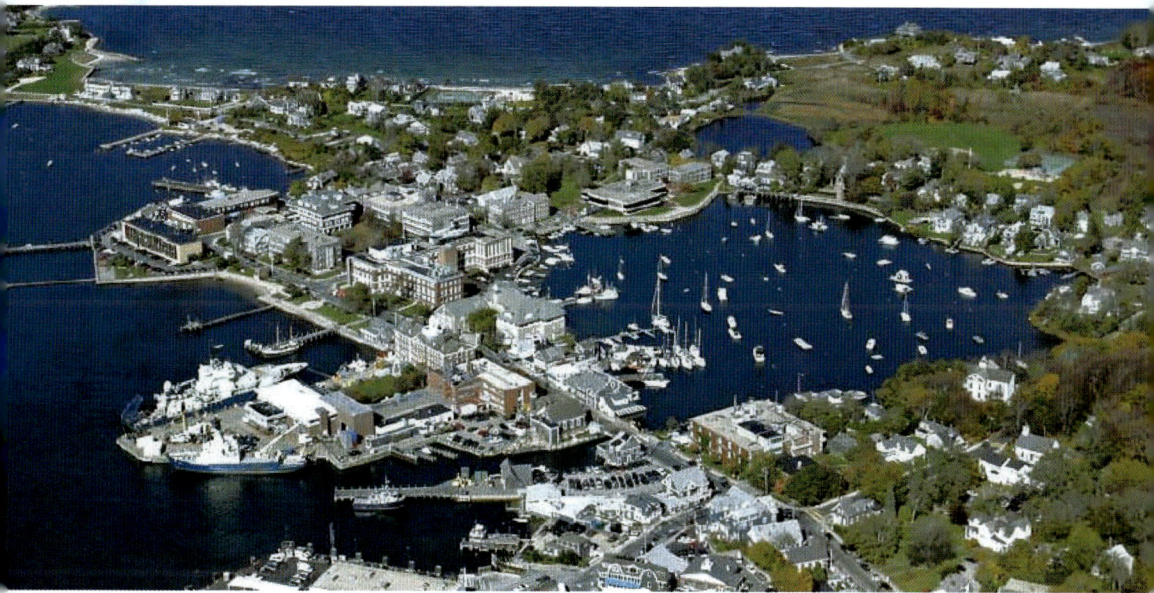

↑ 伍兹霍尔海洋研究所鸟瞰

## 80. 首开女性从事海洋研究先河的海洋动物学家——拉思本

↑ 拉思本

翻开海洋科学史，我们不时会发现曼妙的女性身影，其中一位便是玛丽·简·拉思本。她是美国的海洋动物学家，以奠定甲壳纲的分类学基础而闻名于世，也是世界上第一位从事海洋研究的女性海洋动物学家。

1860年，拉思本出生在美国纽约州的一个港口城市，在哥哥的影响下，她从小就对海洋生物产生了浓厚的兴趣。

1887年，拉思本被派到了国家博物馆海洋无脊椎动物部工作。在此期间，拉思本建立了一个至今无人超越的记录系统，而此系统到今天仍被沿用着。

1891年，拉思本开始撰写关于甲壳纲动物分类的科学论文，先后发表了158篇相关论文，数量惊人。她关于方蟹科、蜘蛛蟹科、黄道蟹科和尖口蟹科的四部专题著作都由美国国家博物馆出版。

当时，拉思本材料收集太多，需要一个助手，而为了科研事业，拉思本毅然放弃了自己的酬劳，用这些钱雇用了之后成为博物馆生物部首席主席的施密特。施密特后来说，如果不是拉思本的自我牺牲精神，他也许根本不会从事这个职业。

除了科学研究，拉思本对音乐和戏剧也有很深造诣，她经常参加在华盛顿举行的音乐会。而且，善良的拉思本还是一位红十字会志愿者，充满了爱心。

# 81. 大气海洋"热机"理论创始人——艾斯林

哥伦布·奥唐奈·艾斯林是美国著名的海洋学家,也是大气海洋"热机"理论的创始人。

1904年,艾斯林出生在美国纽约的一个瑞士移民家庭里。在大学期间,艾斯林将大部分时间都用在了图书馆里。在那里,他认识了前面提到的著名海洋生物学家亨利·布莱恩特·比奇洛,从此他对海洋学产生了兴趣。

大学毕业后艾斯林跟随比奇洛继续学习海洋学,天赋出众的他硕士研究生毕业后就担任了哈佛大学比较动物学博物馆海洋学助理馆长的职

↑ 艾斯林

务。之后,艾斯林又担任了伍兹霍尔海洋研究所第一艘海洋研究船的船长。之后的十年中,他历经艰辛,多次横跨大西洋,收集了大量一手海洋资料。后来他担任了伍兹霍尔海洋研究所的所长,并任麻省理工学院以及哈佛大学的教授。可以说,他为海洋研究事业奉献了自己毕生的心血。

↑ 艾斯林在考察墨西哥湾流调查船起航

艾斯林在哈佛大学读书时,就发表了关于拉布拉多流和湾流的论文,引起了社会的极大关注。而他也是最早提出大气海洋"热机"理论的主要学者之一。

艾斯林在海洋研究领域取得的成绩,让他成为获得美国科学院亚历山大·阿加西斯奖章的最年轻的海洋学家。而他对伍兹霍尔海洋研究所的发展所作出的巨大的贡献,也让他成为公认的对现代海洋学产生重大影响的科学家。

# 82. 大洋潮汐动力学理论的首创者
## ——拉普拉斯

皮埃尔·西蒙·拉普拉斯被誉为"法国的牛顿"和"天体力学之父"。他不仅是著名的数学家、天文学家、天体力学的主要奠基人和天体演化学的创始人之一，还是大洋潮汐动力学理论的首创者。拉普拉斯是科学界的全才式人物，也是一个被历史铭记的人物。

拉普拉斯自小就显示出卓越的数学才华。18岁那年，为了发挥自己的数学才能，他放弃了继续攻读硕士学位的机会，只身来到巴黎，求见巴黎科学院的达朗贝尔。面对年轻的拉普拉斯，一开始达朗贝尔并不打算接收他。他出了两道数学难题来为难拉普拉斯，可没想到，拉普拉斯居然在极短的时间内就解答出来了，这令达朗贝尔对他刮目相看。不过，由于他太过年轻，受科学院内保守势力的阻扰，5年后拉普拉斯才得以正式进入巴黎科学院。在科学院内，拉普拉斯夜以继日地工作，在数学、天体力学等方面都取得了极大的成就。

↑ 拉普拉斯

拉普拉斯对海洋科学方面的贡献则在于他于1775年首先创立的大洋潮汐动力学理论。他认为，水平引潮力对海水运动来说是十分重要的，垂直引潮力并不重要，海洋潮汐则是海水在月球和太阳水平引潮力作用下的一种强迫波——潮波的运动。因此，潮波的周期与引潮力的周期相同，在其传播过程中，波峰所到之处将出现高潮，波谷所到之处将出现低潮。他的大洋潮汐动力学理论解释了在一些半封闭的海湾、近海和大洋中，有时出现水平面没有升降现象的无潮点，同潮时线绕无潮点做顺时针或者逆时针旋转的现象，从而证实了大洋分潮波的基本运动形态为螺旋潮波系统。同时，他还计算出了各个主要分潮在世界大洋中的分布。

拉普拉斯一生共研究了100多个重大课题，为人类的进步作出了巨大的贡献。

# 83. 创造近代深海漫游奇迹的女科学家
## ——厄尔

　　厄尔是美国海洋学家、探险家和作家。她曾被《纽约时报》和《纽约客》称为"深海女王"，美国国家地理协会授予她"终身探险家"称号。1998 至2002 年，她还担任了美国"永续海洋探险计划"工程的负责人。

　　厄尔 1935 年出生于美国新泽西州。很小的时候，她就有了要成为生物学家的梦想。12 岁时，她全家搬到

↑ 厄尔

了佛罗里达州，她在那里拿到了学士学位。而且仅隔一年，一向成绩优异的她就又拿到了杜克大学植物学硕士学位。

　　1964 年，厄尔乘坐"安东·布鲁恩"号开始了印度洋之行，这也是她的首次探险之行。接下来的两年里，她共进行了四次探险。在探险中，海藻引起了她极大的兴趣。她在墨西哥湾收集了两万多种海藻，成为对墨西哥湾海藻进行系统研究的第一人，而对海藻在海洋食物链中地位的研究使她的名字几乎家喻户晓。1966 年，在获得了杜克大学的博士学位之后，厄尔在拉德克里夫研究所等机构担任研究员。

　　不过，厄尔并没有就此停下探险的脚步。1970 年，她带领一组女性海洋学者实施了"蒂克狄提"二号探险计划。她们在一个封闭的水下舱中生活了两个星期。潜水时她们不用氧气瓶，而尝试使用循环再呼吸机。这种呼吸机可以使潜水者在水下停留更长时间，而且更安静，不会产生太多声音影响海中环境。这样一来，她们不仅可以听到鱼类的呼噜声，而且可以听到珊瑚咀嚼的声音。这次探险，厄尔不仅确定了食草鱼会极大地影响海洋植物的数量，而且了解了不同鱼种的睡眠习惯和饮食偏好。勇敢的厄尔

⬆ 厄尔的海底探险

被称为"美国的库斯托",因为她曾穿"鱼服"到海底探险。之前,"鱼服"主要用于修复水下机械和石油钻塔,从未用于科学实验,她勇敢地接受了这个挑战。1979 年,她穿着"鱼服"创造了自由潜水 381 米的纪录;之后,她又多次进行了深海潜水和探险。

厄尔领导了 60 余次海洋探测活动,获得了无数的荣誉和奖励,取得了多个研究机构的荣誉学位。为了向她致敬,一些海胆和红藻以她的名字命名。不过,被誉为海洋使者的她,更在乎的却是海洋保护。她不断强调一个理念,即如果人们了解海洋生命,就应该更加关注如何保护它们。在海洋污染如此严重的现在,厄尔的倡导值得人们深思。

# 84. 系统研究海洋微生物的科学家
## ——爱伦贝格

爱伦贝格,这也许是一个大家听起来都不太熟悉的名字,但他是第一个系统研究海洋微生物的科学家,是19世纪德国动物学家、比较解剖学家和显微镜学家,是当时最著名、最多产的科学家之一。

1795年4月19日,爱伦贝格出生在德国莱比锡城附近的代利奇,他的父亲是一位法官。少年爱伦贝格最早在莱比锡大学研究神学,但他很快发现自己的志向并不在此。爱伦贝格后来去了柏林,改行研究医学和自然科学。在柏林学习期间,爱伦贝格完成了他关于真菌的博士论文。

↑ 爱伦贝格

1820～1825年,年轻的爱伦贝格赴中东进行科学考察。在那里,他搜集了成千上万的植物和动物标本,并在红海北部沿岸对珊瑚虫做了特别研究,这为他以后的海洋微生物研究奠定了基础。1827年,年轻有为的爱伦贝格被任命为洪堡大学(原柏林大学)的医学教授。两年之后,他陪同探险家洪堡横穿俄罗斯东部到中国边境考察,这次考察更加坚定了爱伦贝格研究微生物的信心。此后,他集中精力研究微生物,而微生物在那之前还没有被系统地研究过。

爱伦贝格在微生物学上付出了大量的心血。他用了近30年的时间,仔细观察各种水、泥土、沉积物和岩石的样本,还在近400种出版物上描述了成千上万个新的物种。他对一种"硅藻类"原生生物单细胞群尤为感兴趣,并于1840年首次观察到活的硅质鞭毛虫。爱伦贝格的这些研究对人们如何利用有经济价值的硅藻土有着深远的影响,是他让人们知道了相当多的岩石是由许多微小形态的动物或植物形成的。

1876 年 7 月 27 日，爱伦贝格去世。直到生命的最后一刻，他还在进行深海微生物及各种地质组成物质的研究。爱伦贝格去世后，他耗尽毕生精力搜集的近万件微生物样本和节肢动物标本被存放在洪堡大学的自然历史博物馆和柏林博物馆里。1877 年，爱伦贝格被追授"列文虎克奖章"，他是第一个被授予这个奖章的人。

◀ 显微镜下的微生物

# 85. 进化论的奠基人——达尔文

达尔文想必大家一定不陌生,他就是进化论的奠基人。达尔文出生在英国的一个医生家庭,不过他少年时期却是个游手好闲的纨绔子弟。

后来,他的父亲打算让他继承自己的衣钵,但达尔文毫无兴趣。之后他进入了神学院,1831 年达尔文毕业了,而这一年,他的命运也出现了转机。

当时"贝格尔"号即将进行环球航行,植物学家亨斯劳被要求推荐一位年轻的博物学家参加航行,这时候他想到了自己的忘年交——达尔文。于是当年年底,达尔文便随"贝格尔"号扬帆起航了。他们途经大西洋、南美洲和太平洋,沿途考察地质、

⬆ 达尔文

"贝格尔"号航线 ⬇

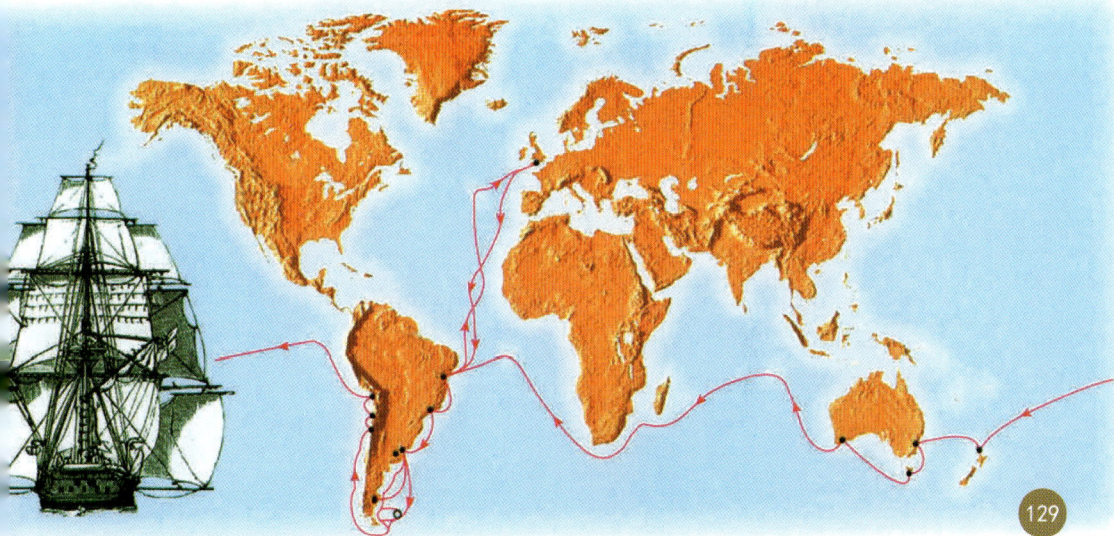

129

植物、动物。这为他以后的研究提供了第一手资料。5年后,达尔文绕地球一圈回到英国。

经历了这次远航,达尔文与海洋有了亲密接触,他也通过对珊瑚礁的研究提出了珊瑚礁成因的"沉降说"。不过,最有价值的,还是达尔文在整理研究堆积如山的资料后写出的《物种起源》一书。这是一部划时代杰作,他提出了生物进化学说,摧毁了先前各种唯心的造神论和物种不变论。之后,他又连续出版了《人类起源及性的选择》和《人类和动物的表情》等著作。

1882年4月9日,达尔文逝世,人们将他安葬在了牛顿的墓旁,以表示对这位科学家的敬仰。

# 86. 世界冰川学和海洋学的鼻祖
## ——阿加西斯

让·路易斯·罗德福·阿加西斯是著名的美籍瑞士裔生物学家、古生物学家，也是冰川学和海洋学的奠基人。

1807年，阿加西斯出生在瑞士的莫捷。少年时代，阿加西斯立志当一名救死扶伤的医生，可没过多久他就改变了主意，因为生物科学深深地吸引了他。不过，1929年，年仅22岁的阿加西斯仍然在德国的埃尔朗根获得了医学博士和理学博士的学位。随后他去了巴黎。在那里，他接受了著名的科学家亚历山大·冯·洪堡和乔治·居维叶的指导，而这两位导师成为阿加西斯转向研究植物学和动物学的关键。

↑ 阿加西斯

一开始，阿加西斯对鱼类学研究并没有太多的关注。后来，还是因为瑞士动物学家斯皮克斯生前的嘱托，他才全力以赴投入到了鱼类研究中去。1833～1834年，在洪堡的主持与资助下，未满30岁的阿加西斯就出版了五卷本的巨著《化石鱼类研究》，这部著作还让他获得了伦敦地质学会奖。此后，他便一直从事欧洲淡水鱼的研究，当然也兼顾对化石鱼类的探讨。

1836年，阿加西斯开始了冰川学的研究，四年后就建立起了世界上第一个冰川研究站。就在这一年，他出版了《冰川研究》一书，此书给出了地质地貌曾多次受到冰川活动影响的结论。

阿加西斯于1846年远赴美国讲学。就在到美国的第二年，他应邀登上了美国海岸测量局的调查船。在这里，他对海洋研究发生了浓厚兴趣，并开始钻研海洋生物学。1848年，哈佛大学邀请他担任博物学讲座的教授。也是在这期间，他从事了大量海洋科学研究，这为美国海洋生物学的发展奠定了基础。

131

↑ 阿加西斯

1859 年，达尔文《物种起源》一书的出版，轰动了整个科学界。阿加西斯也受到了震动，他对海洋生物研究的兴趣更大了。同年，他建立了比较动物博物馆。第二年，他又增建了一所房屋，这便是人们所称的"阿加西斯博物馆"。

阿加西斯对海洋生物的兴趣有增无减。他在 60 多岁的时候，还和他的儿子一起乘着调查船，进行海洋测量和生物标本的采集工作。之后，他在底栖动物标本中发现了化石型动物，并根据自己的分析提出了"大陆和大洋从远古以来从未发生过变化，它是永恒存在的"这一观点。至此，海洋学逐步发展起来了。

1873 年，阿加西斯在剑桥去世了，他的功绩却一直为人铭记。为了纪念他，人们还将曾经一度覆盖美国北达科他、明尼苏达和曼尼托巴的古代湖泊命名为阿加西斯湖。

## 87. 潜水设备发明之父——西贝

许多人都喜欢潜水这项游乐项目，可是若没有潜水设备，潜入水底与鱼儿作伴也只能是个梦。所以，我们要特别感谢西贝——研制潜水设备的发明家！

1788 年，西贝出生在德国，在柏林接受了教育。不过，他学习的知识跟海洋离得很远——金属加工技术。滑铁卢战役后西贝搬到了伦敦，在那里，他开始了潜水的研究，成了一名工程师。

↑ 西贝

西贝是个发明天才，1828 年，他就取得了旋转水泵的专利，这让他赚了很大一笔钱。之后，他先是改进了迪恩兄弟的潜水头盔——烟雾头盔，后来干脆自己设计了更加轻便的金属头盔。精益求精的西贝于 1840 年制造了第一个封闭式的潜水头盔。这可是个巨大的成功。这个潜水头盔与开放式潜水服连为一体后，穿上它的潜水者无论怎么运动，都不用害怕水会渗进来了。

当时的英国政府很快对西贝设计的潜水服进行了验证，随之就在海军和有关的公司中进行了推广，可见，西贝的设计是个多么大的进步。

除了潜水服，西贝还发明了造纸机、电子秤、制冰机等，他还在世界博览会和巴黎博览会上获得了诸多大奖！

## 88. 潜艇之父——德雷布尔

1620 年，世界上第一艘羊皮潜水艇潜到了 3 米深的水下，这便是现代潜艇的雏形。而他的研制者则是荷兰裔英国人克尼利厄斯·雅布斯纵·德雷布尔。他是一位物理学家、发明家，被后人称为"潜艇之父"。

1572 年，德雷布尔出生于荷兰，他只接受了初等教育，没有进过大学。不过少年时，他曾经拜著名画家、雕刻师亨德里克·霍尔齐厄斯为师，学习雕刻和艺术。除此之外，亨德里克还将炼金术介绍给了好学的德雷布尔。

↑ 德雷布尔

1595 年，23 岁的德雷布尔结婚了，婚后的他定居在故乡阿尔克马尔。在那里，他致力于雕刻、出版地图和图画。就在日复一日的工作中，德雷布尔逐渐对发明创造产生了兴趣，而艺术和科学的融合自然会迸发出不一样的火花，这大概也是促成他后来发明创造的一个原因吧。

后来由于各式各样的发明，德雷布尔的名气不断上升并广为人知。英国国王也开始注意他，并在 1604 年邀请他到英国宫廷。

德雷布尔的发明多种多样、不拘一格，从小鸡孵化器到水银恒温器，再到泵、时钟与烟囱，还有温度计，他在多个领域都取得了很好的成绩。他还发明了一种新的深红而明亮的染料，这染料让他的女儿、女婿们成立了一个非常成功的染坊，大赚了一笔，而这种鲜红的颜色也在欧洲风靡一时。

在宫廷生活期间，德雷布尔获得了充分展示发明的机会，也开始了他的潜艇研制工作。一开始，德雷布尔以划艇为基础设计潜艇。这种划艇表面覆盖着脂皮革，这样，就不怕渗水了。它的中间带有水密舱口、一个舵和

⬆ 德雷布尔潜艇

四个桨。在舵手的座位底下有一个大大的猪皮革囊，通过一根小管通向外边，并用粗绳来加固空囊。这样，下潜的时候，粗绳就会松开将皮囊装满水；而当上浮的时候，船员们则会将皮囊压平，将水挤出去。

　　1620 年，德雷布尔参考威廉·伯恩的设计，建造了世界上第一艘可以装载 12 名水手、用 12 支桨在水中划动的潜艇。在那个时候，这可是非常了不起的设计。后来，他又成功制造并测试了三艘潜艇，而且，这三艘潜艇一艘比一艘大，最大的一艘潜艇能够承载 16 个乘客，当时的国王詹姆士一世和几千名伦敦民众共同见证了它的试航。后来，在泰晤士河水下的一次潜艇测试中，德雷布尔还邀请詹姆士一世同行，而詹姆士一世也成了世界上第一位在水下旅行的君王。

　　在我们的年代，随着科技的进步，现在很多国家都可以独立制造潜艇了，可是要知道，在德雷布尔的时代，能够研制出潜艇是多么不可思议呀！当然，人们也没有忘记这位潜艇的开拓者，并将月球一座小型环形山命名为德雷布尔山来纪念他！

135

# 89. 世界第一艘军用潜艇制造者——布什内尔

如果海战中用潜艇作战，是不是会产生意想不到的威力呢？答案是肯定的，美国独立战争时期的发明家大卫·布什内尔就是第一艘军用潜艇的制造者。

1742 年，布什内尔出生在康涅狄格州的一个农场里。他家位于镇上一个比较偏僻的地方，布什内尔除了帮助父亲料理农场之外，闲暇的时间大都用来阅读书籍，很少有跟外界接触的机会。布什内尔 27 岁时，他的父亲去世了，而早已失去母亲的布什内尔

↑ 布什内尔

立即出售了父母留给自己的遗产，准备上大学。经过不懈的努力，在认真准备两年之后，他终于考入了耶鲁大学。

来到耶鲁大学的布什内尔，不久便证明了黑色火药在水下可以爆炸，并进行了他人生中第一次水下爆炸试验。基于试验，他进而发明了水雷和定时炸弹。这一切，为他后来的事业奠定了基础。

从耶鲁大学毕业后不久，他的爱国热情被激发起来。为了协助美军作战，布什内尔在华盛顿的支持下，成功制造出了世界上第一艘人力推进的作战潜艇。这艘潜艇高大约两米，外壳是用橡木做的，能容纳一人，而因为它的外形很像海龟，所以被命名为"海龟"号。"海龟"号是要用来作战的，因此它内部有一个木制的弹药库，里面装有黑色的火药。当然，用来点燃炸药的定时钟表机械装置也是必不可少的。

乘着"海龟"号，驾驶员可以潜到敌舰的底部，用钻头钻入敌舰，将水雷放进去，再解开水雷与潜艇的连接，这样等潜艇驶远之后，定时器就可

以自动控制炸毁敌舰了。这样的装置，就是以现在的眼光看也是十分完备呢！

"海龟"号揭开了潜艇实战的序幕，从此将人类的战场从陆地、水面发展到了水下。而且，"海龟"号还因为与现代潜艇相同的设计原理赢得了世界上"第一艘军用潜艇"美名。

之后他又研制了一种一触即爆的漂浮水雷。这种水雷同样对美国独立革命的胜利起到了极大的作用。

国家是不会忘记他的，去世之前布什内尔被授予由乔治·华盛顿颁发的奖章，以表彰他对美国卓越的贡献。

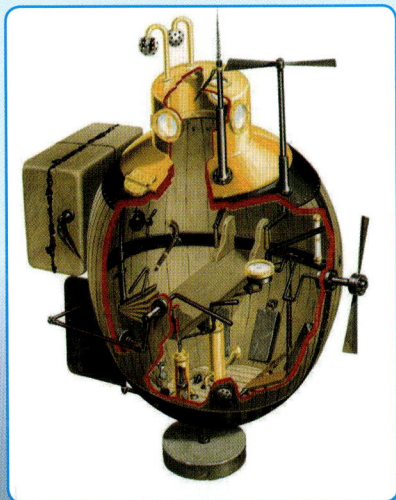

⬆ 布什内尔的"海龟"号

⬆ 布什内尔潜艇构造图

## 90. 地球物理流体力学重要奠基人——费雷尔

威廉·费雷尔是美国著名的气象学家,也是第一个将流体动力学方程式运用到大气和海洋环流研究中的科学家,并通过以他的名字命名的"费雷尔定律"和"费雷尔环流"为世人津津乐道。

1817年出生在美国宾夕法尼亚州的费雷尔极度痴迷于数学。他15岁的时候,就通过初级的地理知识用数学的方法准确推算出1835年还会出现日食,可见他在数学方面的天赋之高。不过,由于家庭贫困,他在大学时因交不起学费而中断过三年学业,但最终还是从贝萨尼大学顺利毕了业。

↑ 费雷尔

毕业之后的费雷尔做了教师。在教书的过程中,他受到牛顿《自然哲学的数学原理》的影响,开始进行潮汐研究。而随着研究的深入,他逐渐把工作重心转移到气象研究的领域中,取得了不俗的成绩。

在1856年发表的《试论风和大洋洋流》中,费雷尔就提出了"费雷尔环流"。尽管有争议,但这是人类第一次尝试为中纬度西风带的产生寻求科学解释进行的努力。之后他又在《与地球表面的流体和固体有关的运动》中提出了"费雷尔定律",这为他赢得了地球物理流体力学重要奠基人的称号。也正是费雷尔把数学的方法运用到气象学中,使数学成为气象学研究的重要方法。

你看,学习从来不是一个枯燥的过程,只要你感兴趣就会沉醉其中。而学科与学科的碰撞,更有可能产生创新的火花!

# 91. 第一幅航海图的绘制者——莫里

在 19 世纪中叶以前,为了避免风险,许多船只都绕远路走熟悉的路线,往往会多走好多的冤枉路,这种舍近求远看起来十分不可思议。直到莫里航海海图的出现,才改变了这一状况。

莫里作为海军学校的学员加入美国海军,1830 年完成了环球航行,看上去有一个非常光明的未来,但他在 1839 年接受新任务的途中意外遭遇了交通事故,腿上落下了残疾,于是美国海军便将他安排到了办公室,担任图表和仪器的负责人。正是在那里,莫里找到了自己的最终归宿。

当时海军的图表已经用了上百年,疏漏和错误自然不少,莫里想要改变这一状况。初来乍到,莫里先清点了库房,发现了以前海军舰长的航海日记。日记里有对特定日期、特定地点的风、水的记录,整合起来就是一张良好的航海图。于是,莫里带着工作人员开始了这项繁重的工作,最终根据信息将大西洋划分成了五部分,并按照月份标出了温度、风速和风向。根据莫里的航海图,良好的天然航线便找出来了。

1855 年,莫里的权威著作《关于海洋的物理地理学》出版了。此时,莫里已经绘制了 120 万个数据点了。莫里还为人们奉献了记录海洋数据的具体方法,世界各国海军和商船都用它来绘制航线图。

↑ 莫里塑像

## 92. 物理海洋学的伟大先驱——汉森

汉森是物理海洋学的伟大先驱、近代海流力学的开拓者。汉森 1877 年出生于挪威,从法律、医学到海洋学,他几度改变自己的志愿,最后醉心于海洋学研究,并且在海洋学研究中取得了巨大成就。

1900 年,汉森参加了挪威海考察活动。紧接着,他推导出的"海洋力学计算法"被广泛使用。他同科学家南森共同出版了《挪威海》一书,并设计建造了以自己名字命名的"A. 汉森"和"B. H. 汉森"海洋调查船,制造并完善了"海兰-汉森"光度计。这一系列的成功与他孜孜不倦的辛勤研究密不可分。

↑ 汉森

1915 年,汉森开始在卑尔根大学教授海洋学。在他的积极建议和倡导之下,1917 年卑尔根博物馆新建了地球物理研究所,并成立了挪威国家地球物理委员会和挪威国家地球物理协会。1917 年和 1927 年,他先后出版了与南森合著的《北大西洋和大气中的温度变化》《东部北大西洋》等著作,这些成果奠定了物理海洋学的基础。1934 年,他出版了《松内湾的

剖面》一书,书中记载了南森提出的许多科学设想。此外,他还与艾克曼合作进行了锚定船的测流实验。在他的努力之下,1930年在卑尔根建立了克里斯蒂安·迈克尔逊研究所,一直到1955年都是由他担任所长。

汉森是一位伟大的海洋学者,同时也是一位非常有魄力的社会学家,对科学进步和社会发展都作出了巨大贡献。1933年,为了表彰他在物理海洋学方面所作出的贡献,汉森被美国国家科学院授予了海洋学亚历山大·阿加西斯奖章。1942年,成绩卓著的他担任了国际测地学和地球物理学联盟的会长,他还是普鲁士科学院及德意志民主共和国科学院院士。汉森是一位卓然出色的科学家,值得我们送出鲜花和掌声。

# 93. 现代物理海洋学和海洋气象学巨匠
## ——斯维尔德鲁普

斯维尔德鲁普是挪威的海洋学家、气象学家，是现代海洋科学的奠基人、现代物理海洋学和海洋气象学巨匠。他的名著《海洋》被誉为海洋学家的"圣典"。

斯维尔德鲁普1888年出生于挪威的松达尔，他在博士毕业的时候就已经与海塞堡合著了在全世界广泛使用的《海中水压与质量分布计算》，可谓少年成名。

从1918年开始，在之后的7年时间里，他先后两次参加了"莫德"号的北极海洋探险。

↑ 斯维尔德鲁普

作为一个科学家，探险之后他认真地分析了观测到的资料，并且完成了探险报告的大部分内容。该报告于1933年出版，涉及潮汐、海流、海洋地质等方面的内容。1931年，他参加了北冰洋的潜水探险，并且根据既有的航

海调查资料,弄清楚了太平洋的海洋学问题,提出了深层水形成于南大洋的印度洋区域的理论。

1936年,斯维尔德鲁普担任海洋研究所所长。在任职期间,他培养了大批的海洋学家,包括我国著名物理海洋学家赫崇本教授,可谓桃李满天下。不仅如此,他还继续在科研上取得丰硕的成果。1942年,他与约翰孙、弗莱明合著了综合性海洋巨著《海洋》,这本书详细介绍了海洋学综合性知识。同样作为军用教材的《气象学家的海洋学》,也收获了多方赞美。他在1947年《斜压海洋中的风驱海流》中提出了中纬度海流和风应力旋度之间的联系,开启了大洋环流大尺度模型研究的先河。他还将海洋物理研究与海洋生物研究结合起来。1953年,他对"临界深度"的概念进行了量化,使用创新的分层水柱方法解释了浮游生物春季大量繁殖的原因。

而作为探险达人的他,自然不满足于实验室的生活,他还担任了南极探险队队长,赴南极洲进行了为期3年的考察。

斯韦尔德鲁普一生荣誉无数,现在物理海洋学里仍然可以见到他的影响。美国气象学会还专门设立了斯韦尔德鲁普金质奖章,用来表彰在海洋和大气相互作用领域作出杰出贡献的海洋科学家。

# 94. 世界海水温差发电第一人——克劳德

↑ 克劳德

↑ 克劳德在进行科学研究

夜幕落下,街头霓虹灯闪烁,这大概是每个城市都很熟悉的景象吧,那你知道是谁发明了霓虹灯吗?他就是法国的工程师、化学家、发明家乔治·克劳德。他不光发明了霓虹灯,还是第一个用海水温差发电的人。

1870年出生于法国巴黎的克劳德从巴黎高等物理化工学院毕业后就职于一家电力公司。在这里,他开始了发明创造的漫长职业生涯。

在电力行业工作的克劳德在一次高压电线引起的事故中差点丧命,这促使他发明了将乙炔溶解在丙酮中运输的安全方法。之后他一发不可收拾,并最终发明了霓虹灯。

因霓虹灯事业赢利的克劳德于1926年开始了对发展新能源的研究。而此时,他的老师德尔松瓦在45年前的一个设想进入了他的视野,那就是利用海水温差发电。克劳德试验成功了,可是许多杰出的科学家却对他的理论产生了质疑。为了回应这些质疑的声音,执着的克劳德投资在古巴建立了一个利用海水温差进行发电的发电厂,而他投资的工厂证明了海水温差发电的确有很大的可行性。由此,他被称为"世界海水温差发电第一人"。

克劳德不仅是出色的科学家、精明的商人,而且是一个热爱绘画的艺术家,是真正的博学多才!

# 95. 核动力海军之父——里科弗

海曼·乔治·里科弗是美国海军的四星上将，更是鼎鼎有名的"核动力海军之父"。里科弗参加过第二次世界大战，战功赫赫的他获得了美国国会金质奖章、总统自由勋章和"费米奖"等荣誉。

里科弗于 1900 年出生在波兰的一个犹太家庭里。为了免遭迫害，"一战"前他们全家移居美国。

家境清贫的里科弗 9 岁就开始打工赚钱，而懂事的他在赚钱的同时并没有忘记学习。通过艰苦的努力，里科弗最终进入美国海军军官学校深造。

↑ 里科弗

1922 年毕业后里科弗被分配到驱逐舰上工作。认真勤奋的他很快得到晋升，成为工程军官，而时年 22 岁的他也成了团队中最年轻的一个。1933 年他翻译出版了赫尔曼·鲍尔的《潜艇》，此书成为美国潜艇工作的教科书。同时他还负责很多大型工程的指挥工作，这些都为他以后的成功奠定了坚实的基础。

1949 年，里科弗被委任为国防部研究发展委员会动力发展部海军处负责人，并兼任原子能委员会、海军船舶局两个核动力部门的主管和核潜艇工程总工程师。从此，他的名字便与核潜艇联系在了一起。1952 年，世界上第一艘核动力潜艇"鹦鹉螺"号在美国举行了铺设龙骨的仪式，杜鲁门总统和军中要人都出席了整个活动。不到两年，世界上第一艘核潜艇"鹦鹉螺"号便成功诞生！与当时的普通潜艇相比，"鹦鹉螺"号的航速提高了一半。而它特殊的构造与精良的装备让它在深海中行进时，可以自由探路，而没有触礁的风险。当然，作为核动力潜艇，"鹦鹉螺"号还大大节省了石油资源。"鹦鹉螺"号服役之后，在多次的演习中显示了无坚不摧

的作战能力,无愧于它的高昂造价。"鹦鹉螺"号开启了应用核动力的先河,推动潜艇建造进入一个新的时代,掀起理论核动力潜艇发展的浪潮。这一切,都不应该忘记作为核动力潜艇总工程师的里科弗!

里科弗为美国海军的发展作出了巨大贡献。他一生获得了无数的荣誉。他去世后,人们也没有忘记他,许多潜艇、社团、建筑上都冠有他的名字。

↑ 水面上行进的"鹦鹉螺"号

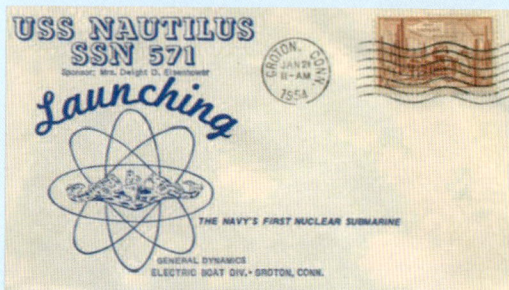

↑ "鹦鹉螺"号下水纪念封

↓ 核潜艇

# 96. 现代水下呼吸器的发明者——库斯托

雅克·伊夫·库斯托是法国海军军官、探险家、生态学家、电影制片人、摄影家、作家、海洋及海洋生物研究者、法兰西学院院士。1943 年,库斯托与埃米尔·加涅昂共同发明了"水肺"——现代水下呼吸器,从此,普通人也可以亲身体验神奇美妙的水下世界。

库斯托从小在海边长大,对海洋充满向往。1930 年,年轻的库斯托通过激烈竞争进入法国海军学院,毕业之后入职海军。

在海军部工作的库斯托在潜水方面虽然比大多数人潜得更深,但他仍在思考如何能够让普通人在水下的时间可以超过一次深呼吸的时间。两次试验失败后,他认为用浓缩空气和自行调节的阀门应该可以成功。之后,在工程师埃米尔·加涅昂的协助下,经过反复试验,库斯托成功地调整好了他们的仪器,并将它命名为"水肺",亦即"水下呼吸器"。有了"水肺",潜水员就能在水下自由移动啦!

库斯托还利用自己的优势,"二战"期间在港口清理战争废墟。后来,他还使用自主式潜水装置领导了对罗马遗址的勘察工作,而这也是人类第一次水下考古活动。

1997 年,库斯托因心力衰竭去世,享年 87 岁。

↑ 库斯托

# 97. 世界上最著名的载人深海潜艇之父
## ——阿林·文

阿林·文是美国海洋学家、地球物理学家、工程师，更是美国伍兹霍尔海洋研究所的传奇人物。他是世界上最著名的载人深海潜艇之父。即使在他去世之后，以他的姓名命名的"阿尔文"号潜水器又服役了10年，总共完成了4000多次潜水。

⬆ 阿林·文

1914年，阿林·文出生于美国俄亥俄州。他聪明过人，从小就利用废品进行发明创造。

1936年，阿林·文从物理系毕业，进入位于宾夕法尼亚的利哈伊大学并在那里获得了地质学硕士学位。

⬆ 深海中的"阿尔文"号潜水器

在利哈伊大学期间，阿林·文陪同自己的导师一起乘坐伍兹霍尔海洋研究所的科考船进行了多次海洋考察。毕业后他也成为伍兹霍尔海洋研究所的一员。

来到研究所的阿林·文，先是利用回声仪绘制海底地图，之后又和同伴改造了深海温度测量器，他还因后者而获得了美国海军授予的海军部海洋学家奖。

　　不过，他的辉煌名声主要还是"阿尔文"号深海潜艇带来的。其实，他早就有建造深海潜艇的设想了。1957年，阿林·文在参与"的里雅斯特"号试潜时，极力建议海军研究办公室购买。不过，阿林·文对"的里雅斯特"号

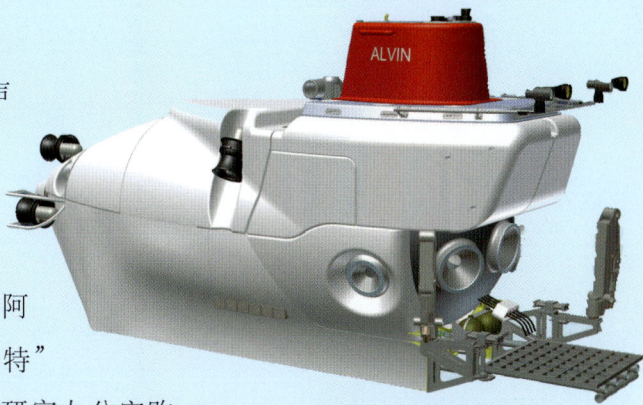
↑ "阿尔文"号潜水器

并不是很满意。在他的建议下，机械师弗罗林奇设计了潜水器"小海豹"号。随后，又是在阿林·文的强烈建议下，伍兹霍尔海洋研究所决定向海军研究办公室提供资助，共同修建"小海豹"，并决定将这个威力巨大的潜水器以阿林·文的姓名命名为"阿尔文"号。

　　1964年，"阿尔文"号竣工了。同年6月，阿林·文的妻子第一次启动了"阿尔文"号；8月，阿林·文则亲自参加了"阿尔文"号的第二次载人潜水。之后，"阿尔文"号不断地进行改进，最终成为世界上最著名的深海考察工具，甚至被称为"历史上最成功的潜水器"。它为地质学家服务过，为微生物学家服务过，也为化学家服务过。它还参与拍摄过"泰坦尼克"号的残骸呢！

　　之后，阿林·文又发明了在恶劣条件下搬运重型设备、潜艇和小船的新方法，并于1982年被选为美国国家工程院院士。

　　一心扑在海洋上的阿林·文退休后，仍然以荣誉科学家的身份继续工作在伍兹霍尔海洋研究所的第一线。

　　阿林·文蜚声国际。作为科学家，他设计了那么多海洋学研究工具和设备，为海洋科学事业的发展贡献了智慧和力量。曾有人如此评价他："他是当代科学的中枢，他的思想既天马行空又前后关联，这是其他人无法比拟的。"这个评价恰如其分。

# 98.极富创造力的物理海洋学家——蒙克

蒙克是美国著名的地球物理学家、海洋学家。他在海流和海浪方面进行了开创性的研究，因此也享有"极富创造力的物理海洋学家"的美称。

蒙克1917年出生于一个富裕的家庭，进入大学学习物理学和海洋学。毕业后，成绩优异的他便留校任教了。他不仅取得了傲人的学术成果，而且培养了一大批优秀的海洋学者。

↑ 蒙克

蒙克在海浪、风海流、海洋洋流等方面都取得了大量研究成果。他和合作伙伴确立的海浪预测处理方法在"二战"时被军方采用，为"二战"的胜利作出了巨大的技术贡献。"二战"后，蒙克的科研硕果频出。他先发表了《风驱动的大气环流理论模型》，后又从涡度平衡的角度解释了环流西向强化的原因，还提出了"潮汐响应分析"的方法。这一时期，他先后出版了《地球自转》等书，引起了学界的广泛关注。自20世纪70年代开始，蒙克还与合作伙伴开创了海洋的声学断层摄影技术，这成为海洋声学研究的一个里程碑。后来，蒙克又开始研究全球变暖对海洋的意义。

蒙克一生获得了众多的荣誉。值得一提的是，这位伟大的科学家曾到访过中国，与我国的科学家进行了思维的碰撞。

# 99. 现代潜艇之父——霍兰

19世纪末,现代潜艇开始登上了历史舞台,而它的研制者,便是被称为"现代潜艇之父"的爱尔兰人约翰·菲利普·霍兰。

1841年,霍兰出生于爱尔兰的一个小镇上。他的父亲是海岸警卫员,霍兰小小年纪便对海洋和战舰充满了好奇。可由于出身贫寒,再加上父亲的不幸早逝,他中学还没毕业,就开始到一所学校担任理科教师了。在那里,霍兰开始对潜艇产生了巨大的兴趣,于是他一边工作一边设计潜艇。

↑ 霍兰

1875年,为了实现自己的潜艇之梦,霍兰毅然辞职,并带着自己的潜艇图纸到了美国。经过两年的潜心研究,霍兰将自己的潜艇计划送到了美国海军部,建议美军用来抗击英军。可是由于三年前的小型潜艇失败带来的灾难阴影挥之不去,美国海军部断然拒绝了他。

面对挫折,霍兰并没有退缩。终于,他得到了在美国的一个爱尔兰社团的资助,开始将潜艇梦想付诸实践。首次研制潜艇的霍兰并非一帆风顺,他的第一艘潜艇"霍兰-1"号刚下水就停止了工作。不过,借此积累了丰富经验的霍兰没有气馁。在他的不懈努力下,1881年"霍兰-2"号潜艇建造成功了。他在这艘潜艇上表现出了超人的才华,很好地解决了让所有前辈都感到棘手的纵向稳定性问题。遗憾的是,这艘潜艇并没有参加实战。让霍兰备受打击的是,他的资助者见他天天进行潜艇试验,却丝毫没有用于作战的想法,便停止了对他的支持,还偷偷将他的第三艘潜艇运走了。

霍兰的潜艇之路一波三折,充满艰辛,可霍兰始终都放不下自己的潜艇之梦,他抓住一切机会研制他的潜艇。最终,经历过多次的失败之后,霍兰终于在1897年设计建造了"霍兰-6"号传奇式潜艇。这艘潜艇采用

↑ "霍兰"号潜艇塑像

了双推进系统,航速快,续航能力强,能够在发射鱼雷的同时在水上平稳航行。同时,这艘潜艇下潜迅速又机动灵活,在当时就引起了轰动。当然它也成了霍兰一生中设计建造的最后一艘也是最好的一艘潜艇。霍兰因为这艘潜艇而大获成功,被公认为"现代潜艇的鼻祖"。为了纪念这位伟大的先驱者,人们又将"霍兰-6"号称为"霍兰"号。

可是,尽管为潜艇事业作出了开创性贡献,"霍兰"号的成功并没有给霍兰带来任何利益。由于美国海军部一些官员的偏见与挑剔,这艘潜艇不仅没有被美国海军采用,反而使霍兰受到了恶毒的嘲讽。因此,霍兰愤然辞职。

1914 年,积劳成疾的霍兰病逝了,离开了这个对他不公的世界。虽然霍兰在有生之年没有得到应得的荣誉,但是被后人敬仰万分。相信历史会给霍兰一个最公正的评价。

# 100. 世界上最早闯入深海的生物学家——毕比

深海世界深邃而迷人，无数人为之倾倒。当下，深潜成了非常吸引人的探险娱乐项目。可是在一个多世纪以前，深海还是一片冷寂之地，根本无法想象现在这样热闹的模样。是美国的毕比打破了深海的沉默，将人们带进了这一陌生的世界。

1877 年，毕比出生于美国纽约的布鲁克林，但不久他就随父母搬到了新泽西州。在这里，他和朋友们一起徜徉大自然中，收集鸟蛋、化石、昆虫及其他动物标本。他的妈妈经常带着他去参观美国自然历史博物馆，这些都让毕比对自然充满了热爱。

↑ 毕比

高中毕业后，成绩优秀的毕比作为"特招生"进入著名学府哥伦比亚大学学习，在那里他结识了纽约动物学协会的创立人、古生物学家奥斯本。奥斯本对毕比的人生轨迹转变起到了重要的作用。1899 年，纽约动物协会创办了一个生态动物园。这年 10 月，毕比受聘成为这个生态动物园的助理园长。热爱动物的毕比果断放弃了学位，专心工作。三年后，他就被提升为园长。

1904 年，毕比开始了第一次探险之旅。在接下来的 20 多年中，毕比领导了多次探险，足迹遍及了南美洲、亚洲等地。不过，此时的毕比仍然只是在陆地之上进行探险。20 世纪 20 年代后期，毕比的目光开始投向海洋。他先是乘坐快艇来到达尔文海湾建立了一个海洋站研究海洋生物，后来他又去海地和百慕大进行考察。

但是，浅海已经满足不了毕比对海洋探索的强大愿望了。1928 年，毕比在报纸上表达了自己想去海地探险的梦想，此后许多发明家不断给他提

↑ 毕比(左)和巴顿

↑ 毕比和深海潜水球

供各种潜艇设计构想,最终巴顿(深海潜水家、发明家、探险家)的设计吸引了他。1929年,他与巴顿合作,并为巴顿的设计起了一个名字:深海潜水球。

1930年,深海潜水球终于下海,进行了第一次试潜。到1934年,毕比和巴顿一共进行了16次深海潜水。通过潜水球的小窗口,毕比看到了各种奇异而美丽的深海生物,这让毕比感到特别兴奋。

20世纪30年代后期,领略过深海魅力的毕比又从深海回到了浅海,继续进行海洋生物研究。1949年他在特立尼达群岛建立了一个海洋研究站,并将其命名为"西姆拉",这是他最后的家。

毕比不仅是探险家,还是一名非常优秀的作家。他不仅与他的第一任妻子将他们的探险经历写成了《两个鸟类爱好者在墨西哥》《太阳的记录》等,还独自完成了《在热带海洋之下》一书。

毕比一生都对这个世界投以好奇的目光,他80岁的时候还用望远镜去观察巢中的小鸟呢!

**图书在版编目(CIP)数据**

青少年应当知道的 100 个海洋人物 / 邵成军主编 . —
青岛:中国海洋大学出版社,2015.5

（海洋启智丛书 / 杨立敏总主编）

ISBN 978-7-5670-0898-4

Ⅰ. ①青…　Ⅱ. ①邵…　Ⅲ. ①海洋学－科学家－生平
事迹－世界－青少年读物　Ⅳ. ①K816.14-49

中国版本图书馆 CIP 数据核字（2015）第 089062 号

**青少年应当知道的 100 个海洋人物**

| | | | |
|---|---|---|---|
| 出版发行 | 中国海洋大学出版社 | | |
| 社　　址 | 青岛市香港东路 23 号 | 邮政编码 | 266071 |
| 出 版 人 | 杨立敏 | | |
| 网　　址 | http://www.ouc-press.com | | |
| 电子信箱 | zhaochong1225@163.com | | |
| 订购电话 | 0532 - 82032573 | | |
| 责任编辑 | 赵　冲 | 电　　话 | 0532 - 85902495 |
| 印　　制 | 青岛国彩印刷有限公司 | | |
| 版　　次 | 2016 年 1 月第 1 版 | | |
| 印　　次 | 2016 年 1 月第 1 次印刷 | | |
| 成品尺寸 | 170 mm × 230 mm | | |
| 印　　张 | 10.75 | | |
| 字　　数 | 80 千 | | |
| 定　　价 | 28.00 元 | | |